AF550743
55 Gute-Laune-Spiele für
Feste & Feiern

BILDNACHWEIS

Freepik.de
S. 1, 6, 7, 27, 45, 65: Creativelyab
S. 17: pikisuperstar
S. 26: Vectorpocket
S. 30, 31, 34, 36, 71, 79 : Sketchepedia
S. 56: macrovector
S. 61: Saravami

Fotolia.de
S. 8/9/52/58/59/64/65/78/79: Tapilipa

Umschlag:
Freepik.de/Sketchepedia
Gettyimages.de/myillo

IMPRESSUM

ISBN: 978-3-96046-112-8

55 Gute-Laune-Spiele für Feste und Feiern

Klett Kita GmbH
Rotebühlstr. 77
70178 Stuttgart
Internet: www.klett-kita.de

Redaktion	Myriam Bork, Anja Ulbrich
Redaktionelle Mitarbeit	Nicole Woratz
Autoren	Britta Bartoldus, Marion Bischoff, Kathrin Eimler, Annegret Frank, Michaela Hinsen, Heike König, Aline Kurt, Michaela Lambrecht, Margot Lindner, Anna Neef, Leah Schäfer, Karin Schäufler, Tina Scherer
Gestaltung und Satz	DOPPELPUNKT, Stuttgart
Druck	Grafik Media Produktionsmanagement, Köln

Kontakt
Telefon: 07 11 / 66 72 58 00
Telefax: 07 11 / 66 72 58 22
kundenservice@klett-kita.de

Gedruckt auf chlorfrei gebleichtem Papier.

Bibliografische Information der Deutschen Nationalbibliothek. Die Deutsche Nationalbibliothek verzeichnet diese Publikation in der Deutschen Nationalbibliografie. Detaillierte bibliografische Daten sind im Internet über http://dnb.d-nb.de abrufbar.

Inhalt

Seite

VORWORT 5

KAPITEL 1: FRÜHLING & SOMMER 7

1 Fingerspiel: Hoppelnder Besucher 8
2 Reime: Bunte Eier 9
3 Stabtheater: Welches ist das schönste Ei? 10
4 Hüpfspiel: Von Ei zu Ei 12
5 Kreisspiel: Bunte Tücher 13
6 Lied: Meine Mama/mein Papa 14
7 Eltern-Kind-Tanz: Tanzalarm 15
8 Lied: Hexenzauber in der Walpurgisnacht 16
9 Rezept: Kalt und bunt 17
10 Bewegungsideen: Eine Reise um die Welt 18
11 Limonaden-Rezepte: Es prickelt und zischt 20
12 Bewegungsspiel: Achtung, Feuerwehr! 21
13 Bunte Farbspiele: Ein Feuerwerk der Farben 22
14 Bewegungsspiele: Die schnellsten Spiele der Welt 24
15 Bastelidee: Seifenatelier 26

KAPITEL 2: HERBST 27

16 Lied: Der Herbst ist wunderbar 28
17 Herbst-Mandala: Runde Früchte 29
18 Rätselspiel: Erntezeit-Quiz 30
19 Bewegungs- und Geschicklichkeitsspiel: Sukkot-Olympiade 32
20 Konzentrationsspiel: Huch, hier fehlt doch was 34
21 Halloween-Rezepte: Schaurig schöne Schlemmereien 35
22 Klanggeschichte: Wenn sich Gespenster fürchten 36
23 Mitmachgeschichte: Gespenstischer Besucher 38
24 Bastelidee: Bunte-Blätter-Laterne 39
25 Geschichtensäckchen: Als Martin seinen Helm verlor 40

Seite

26 Mitmachspiel: Wilder Ritt durch Sturm und Wind 42
27 Klanggedicht: Sternenhimmel 43
28 Kreisspiel: St. Martin ritt durch Schnee und Wind 44

KAPITEL 3: WINTER 45
29 Mitmachgedicht: Morgenkreis mit Engeln und dem Nikolaus 46
30 Aufpassgedicht: Der Nikolaus packt seinen Sack 47
31 Figurentheater aus Island: 13 Weihnachtszwerge 48
32 Rätsel: Wer stapft denn da durch Eis und Schnee? 50
33 Klanggedicht: Ist das schon der Weihnachtsmann? 51
34 Ritual: Unser Lucia-Fest 52
35 Lied: Der Nikolaus hat Schnupfen 54
36 Mitmachgeschichte: Wir tanzen um den Weihnachtsbaum 55
37 Riech- und Schmeckspiele: Das große Adventsschnuppern 56
38 Tast- und Hörspiele: Was ist im Geschenkkarton? 58
39 Malgedicht für Silvester: Es kracht, es rumst 60
40 Faschingsrätsel: Wer bist denn du? 61
41 Spiele: Lustige Spiele für die Karnevalszeit 62
42 Faschingslied: Ja-pi-da-du! 64

KAPITEL 4: IDEEN FÜR DAS GANZE JAHR 65
43 Lied: Feiert mit! 66
44 Mitmachgedicht: Geburtstagsfest im Zwergennest 67
45 Geburtstagsspiele: Elefanten, Füchse, Tausendfüßler 68
46 Spiele ohne Verlierer: Wir sind ein tolles Team! 70
47 Spiel: An der Saftbar 71
48 Willkommensgedicht: Ich und du 72
49 Kennenlernspiel: Zugfahrt zur Oma 73
50 Ritual: Auf Wiedersehen 74
51 Bastelidee: Freundepüppchen zum Abschied 75
52 Spiele: Großelternfest 76
53 Spiel: Familienmurmeln 77
54 Kimspiel: Die Welt ist lecker 78
55 Büffet-Idee: Trauben-Raupen 79

Liebe Leserinnen und Leser,

alle Jahre wieder … Ob Weihnachten, Geburtstag, Fasching oder Ostern – diese Tage sind ein fester Bestandteil des Kindergartenjahres und nicht mehr wegzudenken. Die Mädchen und Jungen freuen sich schon Wochen vorher darauf und können es kaum erwarten, bis es endlich losgeht.

Denn Feste und Feiern sind etwas Besonderes. Sie geben uns eine Struktur und helfen, uns zu orientieren. Sie sind Höhepunkte des Lebens und durchbrechen den Alltag. Feste ehren, markieren den Beginn oder das Ende einer Zeit und machen bestimmte Ereignisse bewusst. Gemeinsames Feiern verbindet und stärkt die Gemeinschaft.

Doch nicht nur das Feiern selbst, auch die Vorbereitung auf ein Fest ist für die Kinder wichtig. Sie erfahren, warum etwas gefeiert wird, und helfen mit, das Fest zu gestalten. Den Mädchen und Jungen wird bewusst, dass sie mit ihrem Tun zum Gelingen einer Feier beitragen können und damit wichtig für die Gemeinschaft sind.

Ganz gleich, ob Sie Anregungen zur Gestaltung eines Sommerfestes suchen, Spiele für den Großelternnachmittag oder Rezepte für die Halloween-Party – in diesem Buch finden Sie zahlreiche Ideen für Feste und Feiern, die Sie gemeinsam mit Ihren Kindern erleben können.

Viel Spaß beim Feiern!

Herzlichst, Ihre

Anja Ulbrich

Redaktion *55 Gute-Laune-Spiele*

Kapitel 1

Frühling & Sommer

Hoppelnder Besucher

Fingerspiel

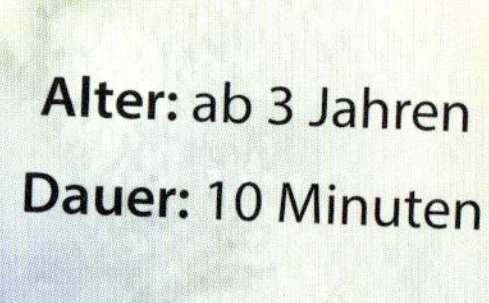

Alter: ab 3 Jahren
Dauer: 10 Minuten

Wer hoppelt durch das grüne Gras?
Ich glaub', es ist der Osterhas'.
Zeige- und Mittelfinger einer Hand „hoppeln" vor dem Körper.

Er hoppelt hin und hoppelt her,
er muss sich beeilen – und zwar sehr.
Schnell hin- und herhoppeln.

Wo kann er nur seine Eier verstecken?
Die Kinder soll'n sie ja nicht gleich entdecken.
Auf der Schulter, unter dem Arm, auf dem Rücken … nach Verstecken suchen.

Hier auf der Wiese steht ein großer Baum,
er ist ganz herrlich anzuschaun.
Einen Arm senkrecht hochhalten, die Finger dabei spreizen.

Der Hase, der hoppelt ganz nah an ihn ran
und schnuppert genüsslich an seinem Stamm.
An den Baum hoppeln und daran schnuppern.

Er freut sich, denn hier ist der beste Platz
für seinen bunten Eierschatz.
Der Hase hüpft vor Freude.

Er legt die Eier in das Versteck.
Dann hoppelt er los – und schon ist er weg.
Den Baum mehrmals antippen, danach weghoppeln.

Idee: Leah Schäfer

Bunte Eier

Reime

Alter: ab 3 Jahren

Dauer: 10 Minuten

Eins, zwei, drei,
ich sehe was.
Ein blaues Ei
liegt dort im Gras.

Vier, fünf, sechs,
ich geh vorbei.
Und finde noch
ein gelbes Ei.

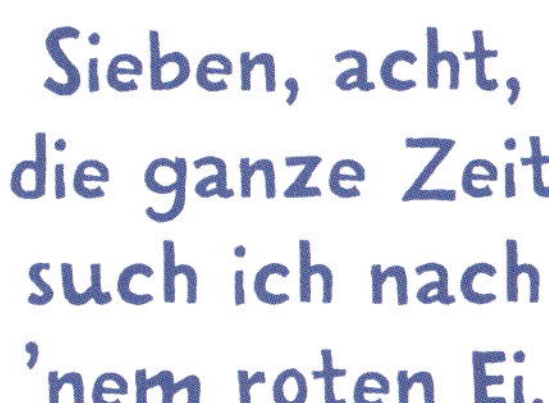

Sieben, acht,
die ganze Zeit
such ich nach
'nem roten Ei.

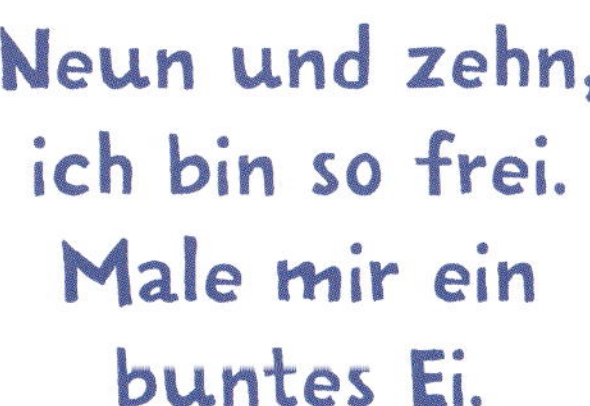

Neun und zehn,
ich bin so frei.
Male mir ein
buntes Ei.

TIPP:
Erfinden Sie mit den Kindern eigene Eier-Reime. Bauen Sie dabei Farben ein! Die Reime können Sie auch als Abzählreime benutzen oder zu einem Klatschspiel umwandeln.

Idee: Marion Bischoff

Welches ist das schönste Ei?

Stabtheater

Alter: ab 3 Jahren

Dauer: 15 Minuten

Material: Stabtheaterfiguren mit Eiern, 1 Stabtheaterfigur mit einem Mädchen

Bald ist Ostern! Die bemalten Eier warteten schon ungeduldig, bis sie endlich versteckt werden.
Die Stäbchen mit den Eiern hochhalten und betrachten lassen.

Auch die Kinder warteten schon auf den Osterhasen. Wartet ihr auch schon auf ihn?
Die Kinder antworten lassen.

Den Eiern wurde es allmählich langweilig und sie begannen zu streiten.
Mehrere Eier gleichzeitig hochhalten.

Jedes Ei wollte das schönste Ei sein.
Mehrere Eier gleichzeitig hochhalten.

„Ich bin viel schöner bemalt als du!“, prahlte ein besonders buntes Ei.
Ein Ei hochhalten.

„Na und? Dafür ist mein Muster viel schöner als deins!“, antwortete ein anderes Ei.
Ein zweites Ei hochhalten.

„Also, Moment mal, ich bin hier ja wohl das schönste Ei!“, sagte ein drittes Ei.
Das dritte Ei hochhalten.

Und bald begannen alle Eier, miteinander zu streiten. Das war ein ganz schöner Lärm!
Alle Eier hochhalten.

Da kam ein kleines Mädchen.
Die Mädchenfigur hochhalten.

„Hört auf zu streiten, ihr lieben Eier", bat das kleine Mädchen.
Eier und die Mädchenfigur hochhalten.

„Ihr seid alle wunderschön und ich brauche euch alle!"
Die Mädchenfigur hochhalten.

„Zusammen mit meiner Mama mache ich nämlich einen wunderschönen Eierkranz."
Die Mädchenfigur hochhalten.

Da waren alle Eier glücklich und hörten auf zu streiten.
Alle Eier hochhalten.

Idee: Michaela Lambrecht

BASTELIDEE: STABTHEATERFIGUREN

Für dieses Theaterstück benötigen Sie Stabtheaterfiguren. Diese können Sie ganz leicht mit den Kindern selbst herstellen: einfach ausgeschnittene, bunte Eier auf Bastelstäbe kleben. Für die Mädchenfigur ein Mädchen malen, ausschneiden und ebenfalls auf einen Bastelstab kleben. Schon kann es losgehen!

Von Ei zu Ei

Hüpfspiel

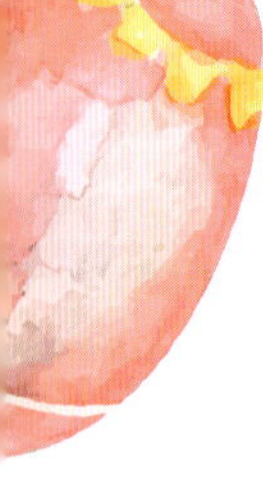

Alter: ab 4 Jahren

Dauer: 30 Minuten

Material: Straßenmalkreide, Fotokarton, Scheren, Fotos der teilnehmenden Kinder, 1 kleiner Korb pro Kind, 1 Farbwürfel, Tesafilm oder Schnur

Malen Sie mit den Kindern auf einer befestigten Fläche im Hof große Ostereier in den Farben des Farbwürfels auf, etwa Rot, Gelb, Blau, Grün, Orange und Weiß. Sie dürfen wild durcheinander angeordnet sein.

VIELE BUNTE EIER

Befestigen Sie an jedem Korb mit Tesafilm oder Schnur das Foto eines Kindes. Aus dem Karton schneiden die Kinder Eier aus. Je nachdem, wie viele Kinder es sind, sollten Sie viele Kartoneier (mindestens 100) haben.

Mit einem Farbwürfel entscheidet nun das erste Kind, zu welchem farbigen Osterei es hüpfen soll. Dabei darf es kein anderes Ei überspringen. Wie viele Eier berührt das Kind, bis es zu dem Ei in seiner Farbe gelangt? Die umstehenden Kinder zählen mit, während das hüpfende Kind sich auf seine Sprünge konzentriert.

EIERSPRÜNGE

Ist es auf einem Ei seiner Farbe angekommen, erhält es in seinen Korb genauso viele Kartoneier, wie es Sprünge gebraucht hat. Stellen Sie dafür den Korb in die Runde der Kinder und zählen Sie die Eier gemeinsam. Das Kind bleibt auf dem erreichten Kreide-Ei stehen und das nächste Kind ist an der Reihe. Nach drei Spielrunden werden die Eier in den Körben nachgezählt. Wer die wenigsten Kartoneier hat, gewinnt.

Tipp: Spielen Sie das Spiel als Wettspiel zwischen zwei Gruppen.

Idee: Marion Bischoff

Bunte Tücher

Kreisspiel

Alter: ab 3 Jahren
Dauer: 15 Minuten
Material: bunte Jonglier-tücher (alternativ: einfarbige Chiffontücher)

AM HOLIFEST GEHT'S BUNT ZU

Dieses Spiel lässt die Kinder in das hinduistische Farbenfest eintauchen. Allerdings brauchen Sie sich dabei keine Sorgen um den Bewegungsraum zu machen. Dank der bunten Tücher bleibt alles schön sauber. Der Spaßfaktor bleibt dennoch bestehen.

Zeigen Sie den Mädchen und Jungen zunächst die bunten Tücher und bestimmen Sie gemeinsam die Farben.

BUNTE TÜCHER FLIEGEN HOCH

Anschließend stellen sich die Kinder in einem großen Kreis auf. Ein Kind darf in die Kreismitte. Die übrigen Kinder erhalten jeweils ein Tuch und werfen dieses hoch in die Luft. Wie viele Tücher kann das Kind in der Mitte gleichzeitig fangen? Welche Farben hat es gefangen?

Anschließend wird gewechselt, sodass jeder einmal in der Kreismitte steht.

Um den Schwierigkeitsgrad zu erhöhen, können Sie anschließend auch gezielt eine Farbe auswählen. Das Kind in der Kreismitte hat dann den Auftrag, ganz gezielt Tücher in dieser Farbe zu fangen.

Tipp: Sie können die Kinder auch vorab in Paare einteilen, so können viele Kinder gleichzeitig das Spiel durchführen.

Idee: Aline Kurt

GUT ZU WISSEN:

Holi ist ein altes hinduistisches Fest, mit dem im Hinduismus der Beginn des Frühlings gefeiert wird. Es findet jährlich am ersten Vollmondtag im Februar/März statt. Holi symbolisiert nicht nur den Sieg der hellen über die dunkle Jahreszeit, sondern auch den Sieg des Guten über das Böse. Ein besonderer Brauch an diesem Fest, das bis zu 10 Tage dauern kann, ist es, einander mit bunten Farbpartikeln zu bewerfen.

Meine Mama / Mein Papa

Lied

Alter: ab 3 Jahren

Dauer: 10 Minuten

Meine Mama

Mama, Mama, ich hab dich lieb.
Will mit dir kuscheln und Haare wuscheln.
Mama, Mama, ich hab dich lieb.

Mama, Mama, ich find dich toll.
Bist einfach die Beste, ich halt dich feste.
Mama, Mama, ich find dich toll.

Mama, Mama, komm her zu mir.
Will dich umarmen, dir heute danken.
Mama, Mama, komm her zu mir.

Mein Papa

Papa, Papa, du bist so toll.
Gemeinsames Singen, durch Pfützen springen.
Papa, Papa, du bist so toll.

Papa, Papa, du bist mein Held.
Wettrennen laufen und mit dir raufen.
Papa, Papa, du bist mein Held.

Papa, Papa, ich lieb dich sehr.
Ich will es wagen und danke sagen.
Papa, Papa, ich lieb dich sehr.

(Melodie: Kuckuck, Kuckuck, ruft's aus dem Wald)
Idee: Marion Bischoff / Leah Schäfer

Tanz-Alarm

Eltern-Kinder-Tanz

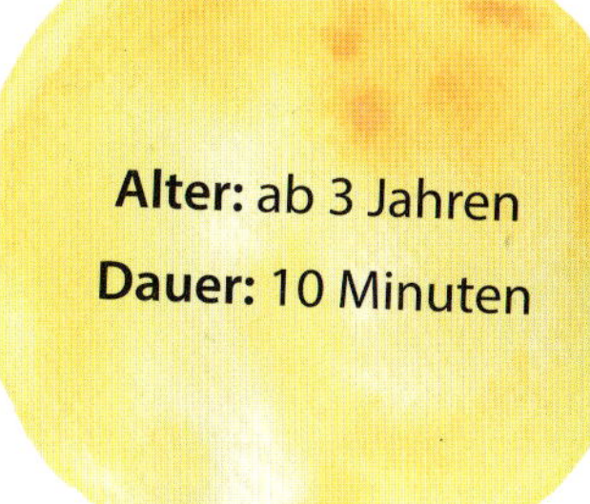

Sieh mir in die Augen, nimm mich bei der Hand,
so sind wir bereit für den lustigen Tanz.
Wir tanzen, wir tanzen, wir tanzen im Kreis herum.
Wir tanzen, wir tanzen, wir tanzen im Kreis herum.

Die Füße nach vorne, die Ohren gespitzt,
los geht es nach vorne und wieder zurück.
Wir tanzen, wir tanzen, wir tanzen im Kreis herum.
Wir tanzen, wir tanzen, wir tanzen im Kreis herum.

Den Bauch langsam kreisen, die Knie nach vorn,
so werden wir fit, ja das ist ganz enorm.
Wir tanzen, wir tanzen, wir tanzen im Kreis herum.
Wir tanzen, wir tanzen, wir tanzen im Kreis herum.

(Melodie: Zeigt her eure Füße, zeigt her eure Schuh)
Idee: Marion Bischoff

UND SO GEHT'S:
Die Eltern und die Kinder singen das Lied und führen die passenden Bewegungen dazu aus. Sie können den Refrain auch variieren, zum Beispiel „Wir hüpfen, …", „Wir schaukeln, …", „Wir stampfen, …" oder gemeinsam mit den Familien neue Strophen und Refrains erfinden.

Hexenzauber in der Walpurgisnacht

Alter: ab 3 Jahren

Dauer: 10 Minuten

Material: Filz (für Fingerpuppen), Tücher in Rot, Orange, Gelb (für das Feuer)

Lied

Fi-Fa-Fex, ich bin die kleine Hex,
sause auf dem Hexenbesen,
durch die Luft zum Zauberwesen.
Fi-Fa-Fex, ich bin die kleine Hex.

Fi-Fa-Fex, ruft die Wiesenhex,
sucht nach Kräutern und nach Gräsern,
für das Getränk der Hexenwesen.
Fa-Fa-Fex, ruft die Wiesenhex.

Fi-Fa-Fex, klingt die Wasserhex,
geht ganz einfach rein ins Wasser,
dabei wird sie gar nicht nasser.
Fi-Fa-Fex, klingt die Wasserhex.

(Melodie: Summ, summ, summ, Bienchen summ herum)

UND SO GEHT'S:
Erzählen Sie den Kindern die Legende der Hexen, die sich in dieser Nacht auf dem Blocksberg treffen, um ihre Hexenkräfte zu erneuern und dort gemeinsam zu feiern. Basteln Sie mit den Kindern Fingerpuppen-Hexen aus Filz. Legen Sie die Tücher als Feuer aus. Singen Sie gemeinsam das Lied und lassen Sie die „Hexenpuppen" dazu im Kreis um das Feuer tanzen.

Idee: Marion Bischoff

Kalt und bunt

Rezept

Alter: ab 4 Jahren

Dauer: 15 Minuten Zubereitung, 5 Stunden im Gefrierschrank

FROZEN JOGHURT

(Zutaten für etwa 6 bis 8 Eis am Stiel)
500 g Naturjoghurt, 100 g Honig (ersatzweise: gleiche Menge Kokosblütenzucker oder Haushaltszucker), Saft 1 Zitrone oder 1 Limette, 100 g Früchte je nach Farbe (tiefgefroren oder frisch), Leere, saubere Joghurt- oder Fruchtquarkbecher (ersatzweise: Trinkbecher), Plastik- oder Holzstiele zum Einstecken, 1 Pürierstab, Löffel, 1 Schüssel

Alle Zutaten mit dem Pürierstab miteinander vermischen. Die Kinder verteilen die Masse mit Löffeln in die Becher oder Förmchen und stecken die Stiele hinein. Dabei die Becher/Förmchen nicht komplett bis an den Rand füllen! Für mindestens 5 Stunden im Gefrierschrank kühlen. Falls sich das Eis nicht aus dem Becher oder Förmchen lösen lässt: einen Moment warten oder das Eis kurz unter den heißen Wasserstrahl halten.

FARBVARIATIONEN

Weiß: Früchte weglassen
Gelb: Mango
Rot: hellrot mit Erdbeeren, pink mit Himbeeren
Blau: Blaubeeren oder Brombeeren
Grün: Minzblättchen, Honigmelone, nach Wunsch: grüne Lebensmittelfarbe

TIPP:
Zweifarbiges Eis gewünscht? Zuerst eine kleine Menge einer Sorte, beispielsweise gelben Mango-Frozen-Joghurt in einen Becher geben. 1 Stunde anfrieren lassen. Dann die nächste Farbe (etwa Brombeerblau) darübergeben und noch einmal 4 bis 5 Stunden gefrieren lassen.

Idee: Tina Scherer

Eine Reise um die Welt

Bewegungsideen

Alter: ab 3 Jahren
Dauer: 10 Minuten pro Spiel

BEGRÜSSUNGSLIED: KOMMT HER, FAHRT ALLE MIT!

1 Wir fahren um die ganze Welt,
kommt alle mit, ihr braucht kein
Geld.
Refrain:
Und alle Kinder singen jetzt:
Kommt her, fahrt alle mit,
kommt her, fahrt alle mit,
kommt her, fahrt alle, alle mit!

2 Europa heißt der Kontinent,
der erste, den ein jeder kennt.
Refrain: Und alle Kinder ...

3 Dann fahren wir nach Afrika
zu Elefant und Dromedar.
Refrain: Und alle Kinder ...

4 Nun legen wir in Asien an,
wo man Chinesen sehen kann.
Refrain: Und alle Kinder ...

5 In Australien hüpft das Känguru
ganz ohne Strümpf und ohne
Schuh.
Refrain: Und alle Kinder ...

6 Zuletzt geht's nach Amerika
in den Amazonas, das ist klar.
Refrain: Und alle Kinder ...

(Melodie: Die Affen rasen durch den Wald)

Idee: Annegret Frank

Spiel 1 | TULPENERNTE IN DEN NIEDERLANDEN

Material: 1 abgesteckter Parcours, Glasflaschen mit je einer künstlichen Tulpe, die in zwei Reihen aufgestellt sind, 2 Kinderstühle, die am Start stehen, 1 Trillerpfeife

Teilen Sie die Kinder in zwei Teams auf. Zwei Kinder sitzen auf Stühlen nebeneinander. Auf ein Kommando laufen die beiden Kinder los, „pflücken" aus ihrer Reihe die Tulpen aus den Flaschen und setzen sich wieder auf ihren Stuhl. In der zweiten Runde müssen sie die Blumen wieder in die aufgestellten Flaschen stecken und anschließend zurücklaufen. Dann kommen die nächsten Kinder dran. Das schnellste Team gewinnt.

Spiel 2 | FISCHE ANGELN AM NORDPOL

Material: Angeln und Fische mit Magneten oder kleine Fangnetze am Stock und Plastikfische oder andere Meerestiere, 1 Schwimmbecken mit Wasser

Drei bis vier Kinder angeln die Fische oder Plastikteile aus dem Becken. Anschließend kommt alles zurück ins Wasser und die nächsten Kinder sind an der Reihe.

Spiel 3 | BALANCIEREN AUF DER CHINESISCHEN MAUER

Material: 2 Schwebebänke

Eine Schwebebank steht so, dass die breite Seite nach oben zeigt, die andere ist umgekippt und der Balken zeigt nach oben. Nacheinander überqueren die Kinder die „Chinesische Mauer". Sie können selbst entscheiden, wie sie die Bänke überqueren und ob sie nur auf dem flachen oder auch auf dem breiten Teil balancieren möchten.

Spiel 4 | LIMBO-TANZ IN SÜDAMERIKA

Material: 2 Gymnastikstäbe, CD-Spieler und CD

Jeweils zwei Kinder halten einen Gymnastikstab an den Enden etwa 1 m vom Boden entfernt. Zwei Kinder tanzen unter den Stäben durch, ohne sie zu berühren. Beim zweiten Durchgang wird der Stab etwas niedriger gehalten. Es soll so getanzt werden, dass der Körper zurückgelehnt wird. Somit müssen die Tänzer immer weiter in die Knie gehen, um nicht mit der Brust an den Stab zu kommen. Der Schwierigkeitsgrad wird immer weiter erhöht, wenn die tanzenden Kinder das möchten.

Es prickelt und zischt!

Limonaden-Rezepte

Alter: ab 3 Jahren

Dauer: 15 Minuten pro Rezept (ohne Kühl- und Wartezeiten)

ORANGENBLÜTENLIMO

500 ml frisch gepressten Zitronensaft, 1 EL Orangenblütenwasser und **3 EL Orangenblütenhonig** in einer Kanne gut miteinander vermengen. Einige Stunden ziehen lassen. **Eiswürfel** und **frische Minzeblätter** in die Gläser geben. **750 ml Mineralwasser** zum Limoansatz geben und anschließend in die Gläser gießen.

KRÄUTERLIMO

Eine Zitrone auspressen und den Saft mit **1 l Apfelsaft** in einen Topf geben. **Frische Kräuter** (Melisse, Minze oder Zitronenverbene) dazugeben und einmal aufkochen. 30 Minuten ziehen lassen, danach erkalten lassen. Gläser mit **Eiswürfeln** füllen. Etwa ⅓ Kräuterlimo eingießen und mit **Mineralwasser** auffüllen.

HOLUNDERLIMO

200 ml frisch gepressten Limettensaft mit **200 ml Holundersirup** mischen. **Eiswürfel** in die Gläser geben, etwas Holunderlimo eingießen und mit **Mineralwasser** auffüllen.

TIPP:
Für die Eiswürfel kleine Orangenstückchen, Kräuter oder Holunderblüten in die Eiswürfelbox geben, Wasser eingießen und tiefgefrieren. Es sieht hübsch aus, wenn sich die Eiswürfel in der fertigen Limo auflösen.

Idee: Heike König

Achtung Feuerwehr!

Bewegungsspiel

Alter: ab 3 Jahren

Dauer: 30 Minuten

Material: 2 Becher, 2 Eimer mit Wasser, 2 leere Eimer

Bei diesem Spiel geht es um Geschicklichkeit und Schnelligkeit. Es darf beim Transport des Wassers so wenig wie möglich auf der Laufstrecke vergossen werden. Zwei Mannschaften stellen sich hinter zwei Wassereimern auf, die mit dergleichen Menge Wasser gefüllt sind.

WASSER MARSCH!

Auf das Startkommando hin laufen die ersten Mitspieler beider Mannschaften mit einem mit Wasser gefüllten Becher zur gegenüberliegenden Seite zu einem dort aufgestellten leeren Eimer, schütten ihren Becher aus und laufen zurück, um dem Teamkollegen den leeren Becher zu übergeben. Dieser füllt den Becher wieder mit Wasser und rennt erneut zum anderen Eimer, um den Becher auszuleeren. Das wird wiederholt, bis der letzte Mitspieler jeder Mannschaft an der Reihe war.

NICHTS VERSCHÜTTEN

Dabei muss jeder darauf achten, so wenig Wasser wie möglich beim Laufen zu verschütten! Am Ende wird die Menge in den beiden Wassereimern verglichen und geprüft, welche Mannschaft die größere Menge Wasser transportiert hat.

Idee: Annegret Frank

VARIATION:

Material: 2 wasserfeste Bildmotive oder 1 anderer flacher Gegenstand, 1 Handvoll Erde

Spielen Sie das Spiel doch einmal umgedreht: Das Wasser wird nicht gebracht, sondern geholt und dabei ein „Schatz" entdeckt. Dazu wird ein Gegenstand, zum Beispiel ein wasserfestes Bildmotiv, im Eimer am Ende der Strecke versenkt und das Wasser mit einer Handvoll Erde getrübt. Gespielt wird das Spiel wie oben beschrieben, nur dass das Wasser aus dem auf der gegenüberliegenden Seite stehenden Eimer geschöpft wird. Welcher Mitspieler erkennt zuerst den Gegenstand im trüben Wasser?

Ein Feuerwerk der Farben

Bunte Farbspiele

Alter: ab 3 Jahren
Dauer: 20 Minuten

Spiel 1 | **ZAUBERTAFELN**

Material: Gefriertüten mit „Reißverschluss" (DIN A4-Größe), verschiedene Dosen oder Tuben mit Dispersionsfarbe, extrabreites Klebeband, Schere

Kennen Sie noch die magischen Tafeln, die man immer wieder neu bemalen konnte, weil jedes Bild einfach wegzuschieben war? Die Zaubertafeln sind etwas Ähnliches: Geben Sie einen Klecks Farbe in einen Gefrierbeutel. Ziehen Sie den Zippverschluss bis auf eine kleine Öffnung zu und drücken Sie die Farbe mit den Händen platt. Achten Sie darauf, dass die gesamte Luft aus dem Beutel entweicht und er schön flach wird. Nun ziehen Sie den Zippverschluss ganz zu. Zur Sicherheit, damit nichts auslaufen kann, kleben Sie den Beutel zusätzlich noch oben um den Zippverschluss mit extrabreitem Klebeband zu. Die Tafeln können Sie ans Fenster hängen, auf den Leuchttisch oder auf eine helle Tischplatte legen. Die Kinder können nun mit dem Finger Abdrücke malen, die ganze Hand aufdrücken usw.

Spiel 2 | **FARBSCHLEUDER-KUNSTWERKE**

Material: ausrangierte Salatschleuder(n), weißes Malpapier (passend rund zugeschnitten), Fingerfarben, Reißzwecken, verschiedenfarbiges Tonpapier, Klebstoff

Das weiße Malpapier rund zuschneiden, sodass es in den Einsatz der Salatschleuder passt. So wird gemalt: Einen Papierkreis mit Reißzwecken an dem Einsatz befestigen. Diese Arbeit übernimmt ein Erwachsener. Das Kind tropft oder kleckst nun ein bis zwei (höchstens drei) Farben auf seinen Kreis. Deckel aufsetzen und die Salatschleuder in Gang setzen. So entstehen wunderschöne farbige und individuelle Bilder.

Sie können auch eine Murmel oder kleine Wattebällchen mit in die Schleuder geben. Die Bilder müssen noch eine Weile trocknen und können dann auf farbiges Tonpapier geklebt werden.

Spiel 3 | **FARBENFLOH**

Material: Umverpackungen mit vielen kleinen Vertiefungen (Pralineninnenschachteln, Eierkartons oder Styroporplatten mit Vertiefungen, Obstkartons mit Ausbuchtungen), bunte Farbchips aus Kunststoff in zwei Größen (ersatzweise: Knöpfe), 1 Tisch oder 1 Stehtisch, nach Wunsch: 1 schwarzer Filzmaler, 2 Schälchen, bunte Acrylfarben, Pinsel

Die Kinder betrachten die Farbchips oder Knöpfe (hier: die Farbenflöhe). Welche Farben gibt es bei den Chips? In den gleichen Farben malen die Kinder die Vertiefungen in den Verpackungsmaterialien an. Lassen Sie alles gut trocknen.
Bauen Sie einen Tisch auf, der nicht wackelt. Die Kinder sollten bequem am Tisch stehen können. Die Chips nach Größe in die beiden Schälchen sortieren und die Schälchen daneben aufstellen. Jetzt einen großen Chip nehmen, einen kleinen Chip auf den Tisch legen. Mit dem großen Chip fest auf den Rand eines kleinen Chips drücken und den kleinen Chip so zum Wegspringen bringen. Wer trifft mit seinem Chip in eine der Vertiefungen? Etwas schwerer wird es, wenn man versucht die bunten Chips in die farblich passende Vertiefung zu treffen.

Idee: Tina Scherer/Margot Lindner

Die schnellsten Spiele der Welt

Bewegungsspiele

Alter: ab 3 Jahren
Dauer: je 20 Minuten

Spiel 1 | **SCHNECKENRENNEN**

Material: 1 Stoppuhr, 1 Schnecke (Holzbrett als Wiese, darauf eine aus Toilettenpapierrolle/Papprolle gebastelte Schnecke), 1 Bindfaden (etwa 5 m lang), Streckenmarkierung, 1 Papprolle

Ein Weg von etwa 5 m wird mit dem Bindfaden markiert. Die Schnecke befindet sich an einem Ende, das Kind mit der Papprolle am Ziel. Und so geht's: Papprolle drehen, Faden aufwickeln und so die Schnecke ins Ziel befördern.

Spiel 2 | **BESEN-HOCKEY**

Material: 1 Stoppuhr, Start- und Zielmarkierung, Besen (eventuell verschiedene Größen), Tormarkierungen (Pylonen, Stöcke ...), Gymnastikbälle

Eine Wegstrecke wird festgelegt. Dazu eignet sich ein Zickzack-Pfad, ein großzügiges Viereck oder Ähnliches – je nach örtlicher Gegebenheit. Sinnvoll ist, wenn Start- und Zielpunkt nebeneinanderliegen. Dann ist das Stoppen der Zeit einfacher. Und so geht's: Der Ball wird mit dem Besen vom Start bis zum Ziel geschoben/gerollt/vorwärtsbewegt. Dabei muss der Ball durch jedes Tor rollen, daran vorbei zählt nicht. Rollt der Ball an einem Tor vorbei, muss er wieder zurück und dann durch das Tor bewegt werden.

Spiel 3 | **VIER-BEIN-LAUF**

Material: 1 Stoppuhr, Streckenmarkierung

Eine Wegstrecke markieren. Am besten eignet sich ein großzügiger Kreis. Sinnvoll ist, wenn Start- und Zielpunkt nebeneinanderliegen. Dann ist das Stoppen der Zeit einfacher. Und so geht's: Das Kind begibt sich auf Hände und Füße (Po oben) und läuft – so schnell es kann – den markierten Weg entlang.

Spiel 4 | **SCHLANGE LEGEN**

Material: 1 Stoppuhr, 1 Tuch oder 1 Platte (1 m x 0,5 m), 1 Springseil

Das Kind soll versuchen, das Seil so auf das Tuch zu legen, dass sich das Seil nicht überkreuzt.

Spiel 5 | **ROLL DEN BALL**

Material: 1 Stoppuhr, 1 großer Sitzball, Wegmarkierung

Ein großes Dreieck markieren (etwa 10 bis 15 m je Seite). Eine Dreieckspitze ist Start und auch Ziel. Und so geht's: Der Ball wird mit der Hand um das Dreieck herumgerollt. Ob die Hand dabei am Ball bleibt oder der Ball mit Schwung ein Stück gerollt wird, spielt keine Rolle. Spannend wird es an den Ecken, wenn der Ball um diese herumgerollt werden muss.

Idee: Michaela Lambrecht/Kathrin Eimler

Im Seifenatelier

Bastelidee

Alter: ab 3 Jahren

Dauer: 20 Minuten

Material (pro Seife): 1 EL Speiseöl, 2 EL Speisestärke, 1 EL Duschgel, einige Tropfen Lebensmittelfarbe, 1 Gabel, 1 tiefer Teller

Beim Sommerfest können sich alle ihre Seife selbst herstellen. Das sorgt für Unterhaltung, macht Groß und Klein Spaß und die Familien können sich ein duftendes Andenken mit nach Hause nehmen. Toll, wenn Sie Ihr Seifenatelier draußen aufbauen können!

Eine Seife herstellen

Für eine etwa handtellergroße Seife verrühren die Kinder mit einer Gabel die Zutaten in einem tiefen Teller. Es entsteht eine Knetseifenkugel von etwa 4 cm Durchmesser, die noch elastisch ist. Nach Wunsch können die Kinder oder die Gäste nun mit einer Muschelschale ein Muster eindrücken oder die Seife etwas plattdrücken und mit einem Ausstechförmchen ein dickes Seifenstück ausstechen. Falls gewünscht, können die Gäste mit einem Schaschlikspieß ein Loch in die Seife drücken und ein Stück Kordel hindurchfädeln. Nun die Seife noch etwas trocknen lassen.

Tipp:
Während des Trocknens bringen Sie für die Gäste kleine Zettel an den Seifen an, um Verwechslungen auszuschließen. Zusätzlich können Sie auch ein bis zwei Tropfen ätherisches Duftöl (Lavendel oder Zitrone) mit in die Seifenmischung geben, sodass die Seife noch etwas mehr duftet. Hier sollten Sie allerdings die Allergiegefahr beachten.

Idee: Margot Lindner

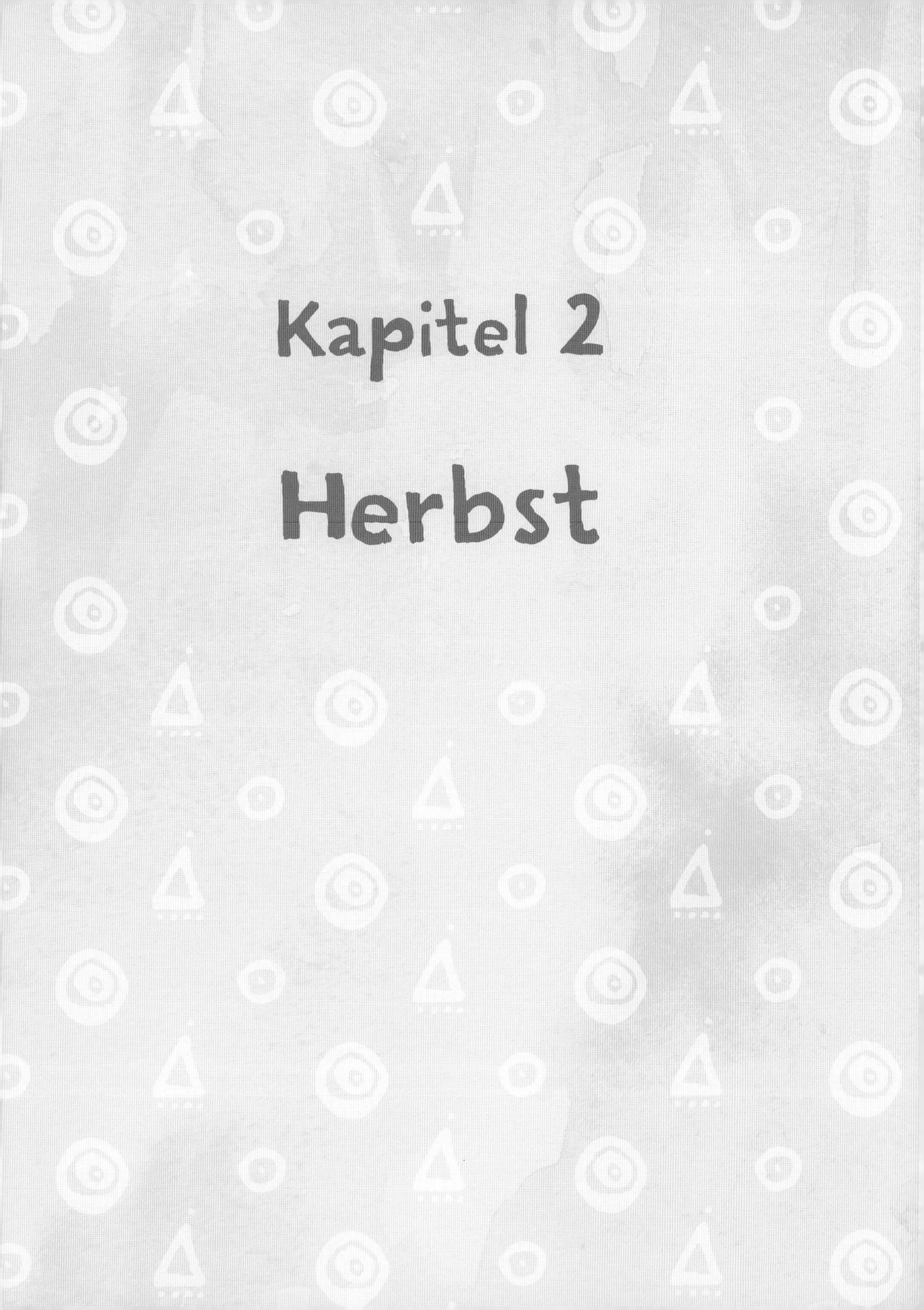

Kapitel 2

Herbst

Der Herbst ist wunderbar

Lied

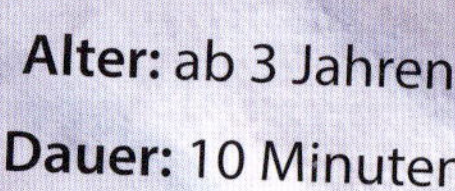

Alter: ab 3 Jahren

Dauer: 10 Minuten

Der Herbst riecht gut, der Herbst ist bunt,
wir ernten Äpfel, kugelrund!
Herbst ist wunderbar! Das ist allen klar!
Ja, der Herbst ist wunderbar!

Der Herbst ist kühl, der Herbst ist schön,
mal Sonnenschein, mal Sturm und Föhn!
Herbst ist wunderbar! Das ist allen klar!
Ja, der Herbst ist wunderbar!

Der Herbst ist da, das Laub vergeht,
wird bald schon durch die Welt geweht!
Herbst ist wunderbar! Das ist allen klar!
Ja, der Herbst ist wunderbar!

Der Herbst ist neblig, feucht und grau,
der Igel sucht sich einen Bau!
Herbst ist wunderbar! Das ist allen klar!
Ja, der Herbst ist wunderbar!

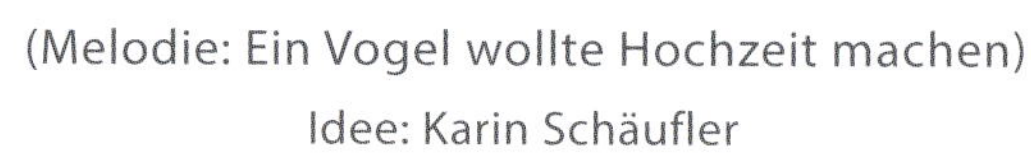

(Melodie: Ein Vogel wollte Hochzeit machen)

Idee: Karin Schäufler

Runde Früchte

Herbst-Mandala

Alter: ab 5 Jahren

Dauer: 20 Minuten

STRAHLENMUSTER

Material: viele verschiedene Gemüse- und Obstsorten, wenn möglich mit Kraut, Wurzeln, Blättern, Stielen oder Stängeln (direkt aus dem Garten oder vom Acker), Ähren, Nüsse, Kastanien, Körbe zum Verstauen und Zwischenlagern, Tischtuch

Als Erstes das gesamte Obst und Gemüse gemeinsam waschen und abtrocknen. Das Tischtuch auslegen. Auf der Tischdecke einen Mittelpunkt, beispielsweise mit fünf Äpfeln, einem Kohlkopf oder Ähnlichem, markieren und dann Muster legen, zum Beispiel:

- Mit kleineren Früchten oder Ähren sechs oder acht Strahlen – ausgehend vom Mittelpunkt ziehen. Danach die Zwischenräume ebenfalls strahlenförmig mit verschiedenen Obst- und Gemüsesorten weiterlegen.
- Um den Mittelpunkt herum kreisförmig verschiedene Obst- und Gemüsesorten legen.
- Strahlen aus dem Mittelpunkt heraus anlegen und die entstandenen Zwischenräume ringförmig mit verschiedenen Obst- und Gemüsesorten ausfüllen.

TIPP:
Verschönern Sie Ihr Mandala außerdem noch mit Nüssen oder Kastanien. Und auch einige nicht essbare Dekoartikel sind möglich: Herbstblumen, Ähren, Stroh, Heu, Hagebutten, Zweige, Laub. Lassen Sie Ihrer und der Fantasie der Kinder freien Lauf. Vergessen Sie nicht, Ihr Mandala zu fotografieren, bevor es weggeräumt werden muss.

Idee: Heike König

Erntezeit-Quiz

Rätselspiele

Alter: ab 4 Jahren

Dauer: 10 Minuten pro Spiel

Material: Fotos von Obst und Gemüse (am besten laminiert), zu den Fotokarten passendes echtes Obst und Gemüse, Säckchen, Korb, Augenbinde, Tuch

Spiel 1 | HERBSTPÄRCHEN

Können die Kinder den echten Früchten die Karten zuordnen? Die Kinder legen die Paare aus Karten und Gemüse/Obst gut sichtbar auf einer freien Fläche aus. Besprechen Sie mit den Kindern die Namen der Früchte und des Gemüses. Wissen die Mädchen und Jungen, wozu diese Lebensmittel verwendet werden?

Spiel 2 | BLINDES MEMORY

Die Karten sind im Säckchen. Das erste Kind zieht blind eine Karte. Es betrachtet sie und legt sie mit der Abbildung nach unten vor sich, damit die Mitspieler sie nicht sehen können. Reihum stellt jeder dem Kartenbesitzer eine Frage, zum Beispiel: „Schmeckt es süß?“ oder „Kann man es roh oder gekocht essen?“ oder „Wächst es in der Erde oder auf einem Baum?“ Das Kind mit der Karte beantwortet die Fragen. Das Kind, das die Antwort weiß, sagt diese laut, wenn es an der Reihe ist. Ist die Antwort richtig, darf dieses Kind die nächste Karte ziehen.

Spiel 3 | **BLINDES HUHN**

Die Obst- und Gemüsesorten liegen im Korb. Ergänzen Sie jetzt außerdem noch einige Gemüse- und Obstsorten oder auch Nüsse, die die Kinder zuvor noch nicht gesehen haben. Decken Sie den Korb mit dem Tuch zu. Ein Kind darf die Augenbinde anziehen (als blindes Huhn), blind im Korb tasten und eine Frucht oder ein Gemüse herausholen. Blind muss es die Frucht oder das Gemüse nun durch Betasten erraten. Dabei dürfen die anderen Kinder nur auf ausdrückliche Bitte des Kindes helfen. Knifflig wird dieses Spiel, wenn Sie kleinteilige Herbstfrüchte mit in den Korb geben, wie etwa Esskastanien (Maronen), Hagebutten, Haselnüsse oder Walnüsse.

TIPP:

Falls Sie die Gemüsesorten anschließend auch zusammen zubereiten und aufessen möchten, bieten sich eine Gemüsesuppe und ein herbstlicher Obstsalat aus den Früchten und Nüssen an. Fragen Sie die Eltern, ob ein Elternteil sich bereit erklärt, ein Mittagessen in der Kita frisch für die Kinder zu kochen.

Sukkot-Olympiade

Bewegungs- und Geschicklichkeitsspiele

Alter: ab 3 Jahren
Dauer: je 10 Minuten

Nicht nur Erntedank oder St. Martin kann man im Herbst feiern, sondern auch Sukkot! Bei dem jüdischen Laubhüttenfest erinnern sich die Menschen an ihre Vorfahren, die vor langer, langer Zeit zu Fuß durch die Wüste gewandert sind. Da sie damals keine Häuser hatten und es auch keine Hotels gab, schliefen die Menschen in Zelten oder im Freien. Um sich daran zu erinnern, feiern die gläubigen Juden noch heute Sukkot in einer selbst gebauten Laubhütte.

Spiel 1 | WIR BAUEN EINE SUKKA

Material pro Team: 6 Stühle, 3 bis 4 Wolldecken oder Tücher (optional: Laub)

Teilen Sie die Kinder in zwei möglichst gleich starke Teams auf. Jedes Team hat nun den Auftrag, aus den bereitgestellten Materialien eine Hütte zu bauen, in der alle Gruppenmitglieder Platz finden. Gewonnen hat die Gruppe, die ihre Sukka zuerst fertiggestellt hat.

Spiel 2 | WIR MACHEN MANNA

Material pro Team: 1 Schüssel, 200 g gemahlene Mandeln, 120 g Honig

Während ihrer Wanderung durch die Wüste, hatten die Israeliten entsetzlich großen Hunger. Gott, der versprochen hatte, sich auf der langen Reise gut um sein Volk zu kümmern, hielt sein Versprechen. Nachts, während die Israeliten schliefen, ließ er Manna regnen. Was sich genau hinter diesem nahrhaften und wohlschmeckenden Nahrungsmittel verbirgt, ist bis heute ein Geheimnis. Doch wer weiß, vielleicht war es ja Marzipan?

Jede Gruppe verknetet die Zutaten zu einem geschmeidigen Teig. Aus der Masse formen die Mädchen und Jungen dann schöne Symbole ihrer Wahl. Zum Schluss dürfen alle Kinder die Kunstwerke bestaunen und gemeinsam verspeisen.

Spiel 3 | **ES REGNET MANNA**

Material: Strohhalm für jedes Kind, Wattebäusche

Lassen Sie Manna um die Laubhütten der Kinder herum regnen. Verteilen Sie dazu großzügig die Wattebäusche – die Watte ist das Manna und muss von den Kindern gesammelt werden.

Sobald das „Manna" verteilt wurde, bekommt jedes Kind einen Strohhalm. Damit geht es auf Mannasuche. Hat es einen Wattebausch entdeckt, transportiert es diesen in die Gruppensukka. Dabei gibt es jedoch einen Haken: Die Hände dürfen nicht benutzt werden. Einziges Hilfsmittel ist der Strohhalm. Mit diesem dürfen die Kinder ihren Wattebausch pusten und ansaugen. Mehr ist nicht erlaubt. Geben Sie den Mädchen und Jungen dafür 5 Minuten Zeit. Welche Gruppe hat in dieser Zeit die meisten Mannastücke eingesammelt?

Spiel 4 | **SUKKOT-TANZ**

Material: Musik

Alle Kinder bewegen sich im Takt der Musik außerhalb ihrer Sukka. Die Kinder dürfen tanzen, laufen, hüpfen – wie sie mögen. Sobald die Musik stoppt, läuft jeder – so schnell er kann – in seine Sukka. Wer als Letzter an der Laubhütte ankommt, scheidet aus. Spielen Sie das Spiel so lange, bis das Gewinnerteam feststeht.

GUT ZU WISSEN:
Sukkot, das jüdische Laubhüttenfest, wird im Herbst gefeiert. Hier erinnern sich gläubige Juden an den Auszug ihrer Vorfahren nach Ägypten. Moses hatte die Israeliten mit Gottes Hilfe von der Knechtschaft des Pharaos befreit und sie durch die Wüste geführt.
Das Fest wird vorwiegend in der Sukka gefeiert. Dabei handelt es sich um eine Laubhütte, die ohne Dach den Blick auf den Himmel ermöglicht. Hierin verbringen die Familien die Feiertage. Diese Hütten haben ein besonderes Dach: Es besteht nur aus Ästen und Blättern.

Idee: Aline Kurt

Huch, hier fehlt doch was

Konzentrationsspiel

Alter: ab 3 Jahren

Dauer: 15 Minuten

Material: 1 große Decke, verschiedene Obst- und Gemüsesorten, Nüsse

SO VIEL AUSWAHL

Setzen Sie sich mit den Kindern in den Sitzkreis. In der Kreismitte liegt eine Decke. Breiten Sie darauf nacheinander die einzelnen Nahrungsmittel aus.

Zunächst dürfen die Kinder jede mitgebrachte Obst-, Gemüse- und Nusssorte ausgiebig betrachten und beschreiben.

Wer kann, benennt das Nahrungsmittel. Falls die eine oder andere Sorte den Kindern nicht bekannt sein sollte, sagen Sie ihnen den Namen.

WAS IST WEG?

Entfernen Sie nun einige Nahrungsmittel, sodass nur noch fünf Sorten auf der Decke liegen. Diese prägen sich die Kinder nun gut ein. Auf Ihr Zeichen hin, schließen alle ihre Augen. Nutzen Sie die Gelegenheit, um ein Lebensmittel stillschweigend zu entfernen.

Sobald Sie dieses zu den übrigen Nahrungsmitteln außerhalb des Kreises gelegt haben, raten die Kinder, was fehlt. Wem dies zuerst gelingt, der darf bei der nächsten Runde selbst zum Akteur werden und ein Nahrungsmittel verschwinden lassen.

TIPP:
Steigern Sie dabei ruhig den Schwierigkeitsgrad, indem die Kinder sich mehrere Lebensmittel einprägen müssen oder Sie auch einmal ruhig zwei Nahrungsmittel wegnehmen.

Idee: Aline Kurt

Schaurig schöne Schlemmereien

Halloween-Rezepte

Alter: ab 4 Jahren

Dauer: 60 Minuten (3 bis 4 Stunden kalt stellen)

GESPENSTERMUFFINS

Zutaten für 12 große Muffins: 150 g Margarine oder Butter, 150 g Zucker, 1 Päckchen Vanillezucker, 3 Eier, 150 g Mehl, ¼ TL Backpulver, Zitronensaft, Puderzucker, Lebensmittelfarben, Dekoration, Schüssel, Löffel, Papierförmchen, Handrührgerät, Muffinblech, Pinsel

Den Backofen auf 170 °C vorheizen und die Papierförmchen in die Vertiefungen des Muffinbleches stellen. Mit dem Handrührgerät Eier, Margarine, Zucker und Vanillezucker zu einer schaumigen Masse rühren. Das Mehl mit dem Backpulver mischen und dazuschütten. Kurz verrühren und den Teig in die Förmchen füllen. Etwa 15 bis 20 Minuten goldbraun backen und etwas abkühlen lassen. Die Muffins nun mit farbigem Zuckerguss (aus Zitronensaft, Puderzucker und einigen Tropfen Lebensmittelfarbe) bepinseln und mit Fruchtgummi weiter verzieren. Fragen Sie die Kinder nach Ideen: Wie wäre es mit grünen Monstergesichtern (grüner Zuckerguss, Augen und Mund aus Fruchtgummi), Kürbissen (orangefarbener Zuckerguss aus roter und gelber Lebensmittelfarbe, Augen und Mund aus Lakritze)?

BLUT MIT WÜRMERN

Zutaten für etwa 8 Kinder: 1 Packung Wackelpudding/Götterspeise (Himbeergeschmack), Fruchtgummischnüre, Schlangen oder Würmer aus Fruchtgummi, Topf, mehrere Schälchen oder Schale

Den Wackelpudding nach Packungsanweisung zubereiten und in vorbereitete Schälchen oder eine große Schale füllen. Mindestens 3 bis 4 Stunden kalt stellen. Kurz vor dem Verzehr herausnehmen und mit den Schnüren, Würmern und Schlangen verzieren.

Idee: Margot Lindner

Wenn sich Gespenster fürchten

Klanggeschichte

Alter: ab 4 Jahren

Dauer: 20 Minuten

Material: 1 Holzblocktrommel, 4 Paar Klangstäbe, 1 Triangel

Jeder hat mal Angst. In dieser Geschichte hat ein etwas schüchternes Gespenst Angst vor Halloween - und beweist auch gleich, was man gegen die Angst vor Grusel, Spuk und lauten Geräuschen tun kann: einen Freund finden und gemeinsam warten, bis alles vorüber ist.

Es war einmal ein kleines, schüchternes Gespenst.
Die Holzblocktrommel leise anschlagen.

Es war anders als die anderen kleinen Gespenster.
Die Holzblocktrommel mehrmals ganz langsam anschlagen.

Alle anderen kleinen Gespenster waren laut und wild. Sie liebten es, zu spuken, richtig Lärm zu machen und ganz besonders liebten sie Halloween.
Mit den Klangstäben nach Belieben klopfen.

Das kleine Gespenst aber hatte Angst vor Halloween.
Einmal leise die Holzblocktrommel anschlagen.

Die anderen Gespenster lachten es aus: „Hihi, wie kann man denn davor nur Angst haben! Wir sind doch Gespenster!"
Die Klangstäbe anschlagen.

Das kleine Gespenst wollte aber nicht spuken und versteckte sich.
Die Holzblocktrommel leise anschlagen.

Aber was war das? Gerade als es sich verstecken wollte, hörte es ein Geräusch rasseln: Ein kleines grünes Monster, das auch Angst vor Halloween hatte, hatte sich auch hier versteckt.
Die Triangel leise anschlagen.

Jetzt konnten sie zusammen warten, bis Halloween vorbei war, und sich dabei viele Geschichten erzählen. Das machte den beiden Riesenspaß.
Holzblocktrommel und Triangel gemeinsam anschlagen.

Der Gespenster-Rassel-Reim

Gespenster rasseln von Tür zu Tür,
heute halten sie auch bei dir.
Mit den Rasseln laut rasseln.

Guten Abend, gute Nacht,
wer immer heute mit uns lacht!
Rasseln.

Dann ziehen sie weiter, bald sind sie weg,
hörst sie kaum noch in ihrem Versteck.
Immer leiser rasseln, dann ganz aufhören
und die Stille genießen.

SCHNELLE GESPENSTERRASSELN

Material: Rasseln, Medikamentenfläschchen, Rasselmaterial, weißes Tuch oder graue Stoffreste, Kordel, Filzstift

Medikamentenfläschchen, etwa von Vitamintabletten, ausspülen und trocknen lassen. Rasselmaterial wie ungekochte Reiskörner, getrocknete Erbsen oder kleine Steinchen einfüllen und mit dem Deckel des Fläschchens gut verschließen. Ein weißes Tuch oder weiße oder graue Stoffreste über den Flaschenhals legen und mit einer Kordel umwickeln. Auf den so entstandenen Kopf mit schwarzem Filzstift Augen malen. Fertig ist eine Gespensterrassel.

Idee: Michaela Lambrecht

Gespenstischer Besucher

Mitmachgeschichte

Alter: ab 3 Jahren

Dauer: 15 Minuten

Material: 1 ausrangiertes weißes Laken oder 1 Leintuch mit ausgeschnittenen Öffnungen für die Augen

Wir feiern heute Halloween, Halloween!
Den Text sprechen und dazu klatschen.

Da klopft es an die Tür!
Auf den Boden klopfen.

Ein kleines Gespenst ist hier.
Das verkleidete Gespenst kommt in den Kreis herein.

Feier doch mit uns mit!
Wir laden dich ein, bei uns zu sein!
Winkende Handbewegung zu sich machen.

Wir feiern heute Halloween, Halloween!
Den Text sprechen und dazu klatschen.

UND SO GEHT'S:
Zu Beginn des Spiels stellen sich die Kinder in einen lockeren Stehkreis. Ein Kind, das sich als Gespenst verkleidet, steht außerhalb des Kreises. Alternativ kann es auch vor der Tür warten. Haben die Kinder die Geschichte einmal durchgespielt, geht sie wieder von vorn los und ein anderes Kind darf das Gespenst spielen. Die Geschichte wird so oft wiederholt, bis alle Kinder, die das möchten, einmal das Gespenst waren.

Idee: Michaela Lambrecht

Bunte-Blätter-Laterne

Bastelidee

Alter: ab 3 Jahren

Dauer: 15 Minuten

Material: bunte getrocknete Blätter, 1 Glas und 1 Teelicht pro Kind, Kleister, 1 dicker Pinsel, Blumenpresse oder Kataloge

BLÄTTER SAMMELN

Sammeln Sie mit den Kindern bei einem Spaziergang viele schöne, möglichst bunte Herbstblätter. Trocknen Sie die Blätter mindestens zwei Tage gut durch. Legen Sie dabei die Blätter zwischen Katalogseiten oder alte Bücher oder benutzen Sie eine Blumenpresse. Die Blätter sollten richtig glatt und eben sein.

AUFKLEBEN

Rühren Sie gemeinsam mit den Kindern den Kleister nach Herstellerangaben klumpenfrei an. Mithilfe eines dicken Pinsels kleben die Kinder nun die Blätter auf Gläser. Dazu pinseln sie zunächst das Glas etwas mit Kleister ein, legen dann das Blatt auf und pinseln weiter. Die Blätter können sich auch zum Teil überlappen. Alle so beklebten Gläser gut trocknen lassen.

TIPP:
Fragen Sie bei den Eltern nach leeren, gespülten Babybrei-Gläsern. Die sind kostenlos und eignen sich gut zum Bekleben.

Idee: Britta Bartoldus

Als Martin seinen Helm verlor

Geschichtensäckchen

Alter: ab 3 Jahren

Dauer: 5 Minuten Vorlesezeit

Material: 1 Säckchen, verschiedene Figuren (1 Mann, 1 Pferd, 1 Gans, 1 Helm, 1 Frau)

Eines Nachts war Martin wieder einmal mit seinem Pferd, es hieß übrigens Rico, unterwegs durch Sturm und Eiseskälte. Schnee wehte und es war dunkel. Martin war sehr müde und er wollte gern nach Hause kommen und sich an ein warmes Feuer setzen, aber bis nach Hause hatte er noch eine Weile zu reiten.

Er ritt gerade über eine Brücke, die über einen kleinen Fluss führte, nah an einem Bauernhof vorbei. Da stolperte Rico im Dunkeln über einen Ast. Den hätte Rico gar nicht sehen können, weil ja auch Schnee lag. Rico stolperte und Martin wäre beinahe heruntergefallen. Von dem Ruck löste sich allerdings sein Helm. Er fiel auf den Boden und purzelte weiter an den Rand der Brücke. Fast wäre er ins Wasser gefallen, wenn nicht …
Tja, Gott sei Dank war an diesem Tag die Gans Gundel unterwegs. Mit kalten Füßen watschelte sie am Fluss entlang. Sie hatte sich verirrt und suchte nun den Bauernhof. Da sah sie den Ritterhelm davonkullern. Klug, wie Gänse nun einmal sind, watschelte sie zum Helm und hielt ihn mit ihrem Flügel auf. Martin sprang vom Pferd und rannte zur Gans.

„Danke, dass du meinen Helm gerettet hast“, bedankte er sich bei der Gans. „Schon gut“, antwortete Gundel. „Nächstens soll Rico mal besser aufpassen, wo er hinläuft.“

Das Pferd schnaubte: „Ich kann so schnell laufen, da würdest du staunen, du Watscheltante!“ Martin, der natürlich mit Tieren sprechen konnte, musste lachen. Er setzte seinen Helm wieder auf. Zum Dank nahmen Rico und er die Gans Gundel noch ein Stückchen mit. Martin steckte die frierende Gundel unter seinen warmen Mantel. Als sie Gundel am Bauernhof absetzten, kam die Bauersfrau aus dem Haus. Sie freute sich, dass Gundel wieder da war und kochte für alle eine warme Suppe.

UND SO GEHT'S:
Lesen Sie die Geschichte vor und spielen Sie dabei die Handlung mit den Gegenständen aus dem Säckchen nach. Das Gesehene wird mit dem Gehörten verknüpft und den Kindern fällt es leichter, sich die Geschichte zu merken. Lassen Sie die Mädchen und Jungen die Figuren im Anschluss anfassen und die Geschichte selbst nachspielen. So können sich die Kinder besser an die Handlung erinnern.

Idee: Tina Scherer

Wilder Ritt durch Sturm und Wind

Alter: ab 3 Jahren
Dauer: 5 Minuten

Mitmachspiel

Sankt Martin reitet durch Sturm und Wind,
sein Pferd ist schnell, es rennt geschwind.

Durch eine Kurve nach links zischt er schnell,
das Pferd schwitzt am ganzen Pferdefell.

Jetzt geht es nach rechts, so flink und schnell,
das Pferd schwitzt am ganzen Pferdefell.

Ein Baumstamm im Weg, das Pferd springt schnell,
das Pferd schwitzt am ganzen Pferdefell.

Über die Brücke geht's im Galopp,
da macht das Pferd ganz plötzlich Stopp!

Beinah fällt Martin vom Pferd in den Fluss,
besser wird's, wenn er sich festhalten muss.

Gerade noch mal gut gegangen!

UND SO GEHT'S:
Setzen Sie sich mit den Kindern hintereinander in eine Reihe, die Beine immer nach vorn gestreckt (links ein Bein und rechts ein Bein am Vordermann vorbei). Dann können alle die Bewegungen im Sitzen mitmachen.

Idee: Tina Scherer

Sternenhimmel

Klanggedicht

Alter: ab 3 Jahren

Dauer: 20 Minuten

Material: Glöckchen oder Rasseln, Taschenlampen

Am Himmel ist es dunkel und kalt,
wann endlich leuchten die Sterne bald?

Es ist Ruhe, kein Licht.

Da ist ein erster kleiner Stern,
der leuchtet noch in weiter Fern.

Eine Taschenlampe anknipsen, ein Kind bedient sein Klanginstrument.

Ein zweiter kleiner Stern ist da,
sein Licht, ist es nicht wunderbar?

Eine zweite Taschenlampe leuchtet und ein zweites Instrument kommt dazu.

Ein dritter Stern, ganz groß und hell,
kommt jetzt den Himmel hoch ganz schnell.

Ein drittes Licht leuchtet und ein drittes Kind spielt sein Instrument.

Und dann? Dann leuchten alle Sterne,
das tun sie in der Nacht sehr gerne.
Ach, ist das schön!

Alle Instrumente klingen und alle Taschenlampen leuchten gemeinsam.

Im Himmel ist es nun hell und schön,
bis alle Sterne zur Ruhe gehn.

Alle Instrumente klingen und alle Taschenlampen leuchten.

Der erste Stern knipst aus sein Licht,
dunkler wird es sicherlich.

Ein Licht und ein Klanginstrument wegnehmen.

Der zweite Stern erlischt, ist weg,
er schläft im Sternenlichtversteck.

Ein weiteres Licht und das zweite Instrument gehen aus.

Die Sterne sind nun alle fort,
vom Himmel an einen andern Ort.

Es herrscht Ruhe.

Und dann? Dann geht's ganz schnell,
der Tag kommt jetzt, es wird schon hell.
Guten Morgen!

Flüstern, aber „Guten Morgen!" wieder laut rufen und dabei in die Hände klatschen.

Idee: Tina Scherer

Sankt Martin ritt durch Schnee und Wind

Kreisspiel

Alter: ab 3 Jahren

Dauer: 15 Minuten

Material: Sitzkissen für jedes Kind, Umhängetuch oder Babydecke

Sankt Martin, Sankt Martin,
Sankt Martin
ritt durch Schnee und Wind,
sein Ross, das trug ihn fort geschwind.
Sankt Martin ritt mit leichtem Mut:
sein Mantel deckt ihn warm und gut.

Im Schnee saß, im Schnee saß,
im Schnee, da saß ein armer Mann,
hatt' Kleider nicht, hatt' Lumpen an.
„Oh, helft mir doch in meiner Not,
sonst ist der bittre Frost mein Tod!"

Sankt Martin, Sankt Martin,
Sankt Martin
zog die Zügel an,
sein Ross stand still beim armen Mann.
Sankt Martin mit dem Schwerte teilt
den warmen Mantel unverweilt.

Sankt Martin, Sankt Martin
Sankt Martin gab den halben still,
der Bettler rasch ihm danken will.
Sankt Martin aber ritt in Eil
hinweg mit seinem Mantelteil.

UND SO GEHT'S:
Die Kinder sitzen im Kreis. Ein Kind spielt Sankt Martin und steht außerhalb des Kreises. Die Mädchen und Jungen singen das Sankt-Martin-Lied und Sankt Martin zieht seine Bahnen um den Kreis herum. Dabei wählt er einen der sitzenden „Bettler" aus und lässt seinen Mantel in Form des Tuches fallen. Dann muss sich Sankt Martin beeilen, um die Runde fertig zu laufen. Wird er nämlich vom Bettler bemerkt, möchte dieser sich natürlich bedanken. Kann das Kind Sankt Martin einholen, bevor er wieder beim Bettler angekommen ist? Falls ja, so wird der Bettler selbst zu Sankt Martin und eine neue Runde beginnt. Bemerkt das Kind jedoch die Heldentat nicht, darf Sankt Martin eine weitere Runde aktiv sein.

Idee: Aline Kurt

Kapitel 3

Winter

Morgenkreis mit Engeln und dem Nikolaus

Mitmachgedicht

Alter: ab 3 Jahren

Dauer: 5 Minuten

**Aus einem klitzekleinen Haus,
da schaut der Nikolaus heraus.**

Die Hände über dem Kopf spitz zusammenführen und so ein Hausdach andeuten.

Er trägt 'ne Brille, klein und rund,

Mit den Daumen und Zeigefingern eine Brille formen und vor die Augen halten.

ein langer Bart verdeckt den Mund.

Mit den Händen einen großen Bart vor dem Mund andeuten.

**Er zieht nun seine Stiefel an,
damit er losmarschieren kann.**

Pantomimisch die Stiefel anziehen und mit den Füßen auf der Stelle gehen.

**Auf dem Rücken liegt ein Sack,
den trägt er heute huckepack.**

Pantomimisch den Sack über die Schultern werfen.

**Er holt ganz leis vor jedem Haus
ein Päckchen aus dem Sack heraus.**

Mit den Händen kleine Kisten zeichnen.

**Der Sack ist leer, wie ist das schön,
nun kann er schnell nach Hause gehn.**

Mit den Füßen auf der Stelle gehen.

**Der Nikolaus ruht sich nun aus
und kommt erst morgen wieder raus.**

Zusammengelegte Hände an eine Wange halten, dabei den Kopf neigen, um das Schlafen anzudeuten.

Idee: Britta Bartoldus

Der Nikolaus packt seinen Sack

Aufpassgedicht

Alter: ab 4 Jahren
Dauer: 5 Minuten

Puppen, Strümpfe, Apfelsinen:
Ab in den Sack, ab in den Sack!
Nüsse, Autos, Mandarinen:
Ab in den Sack, ab in den Sack!

Schokoplätzchen, kleine Bücher:
Ab in den Sack, ab in den Sack!
Bonbons, Mandeln, Taschentücher:
Ab in den Sack, ab in den Sack!

Scherben, Staub, 'ne Wäscheleine:
Nicht in den Sack, nicht in den Sack!
Schnee, ein Nagel, kleine Steine:
Nicht in den Sack, nicht in den Sack!

Lutscher, Stifte, Kaugummi:
Ab in den Sack, ab in den Sack!
Bälle, Spiele, Springflummi:
Ab in den Sack, ab in den Sack!

Schwämme, Sand und alte Reifen:
Nicht in den Sack, nicht in den Sack!
Hosen, Parfüm und feine Seifen:
Ab in den Sack, ab in den Sack!

UND SO GEHT'S:
In den Reimen haben sich einige Sachen versteckt, die niemand gern geschenkt bekommen möchte: Finden die Kinder sie heraus? Lesen Sie die Reime vor, bei „Ab in den Sack" trommeln die Kinder passend zum Takt mit den Händen auf den Boden oder den Tisch. Sind die Kinder aufmerksam, bemerken sie die etwas unpassenden Geschenke und rufen dann: „Nicht in den Sack!"

Text: Tina Scherer

13 Weihnachtszwerge

Figurentheater aus Island

Alter: ab 3 Jahren

Dauer: 60 Minuten

ISLÄNDISCHER SCHABERNACK

Die isländischen Weihnachtsmänner sind eigentlich eher Zwerge oder Trolle – und die sind keine freundlichen Geschenkebringer wie unser Weihnachtsmann. Darum wissen die isländischen Kinder nie so recht, ob sie in ihren Schuhen, die sie ab dem 12. Dezember jeden Abend vor die Tür stellen, eine schöne Überraschung finden oder nur einen Scherz.

LÖFFELLECKER UND KERZENSCHNORRER

In Island sind insgesamt 13 Weihnachtszwerge unterwegs, um die Arbeit für den Weihnachtsmann zu erledigen. Das ganze Jahr hindurch leben sie in einer Höhle und nur im Dezember, wenn es in Island sehr lange dunkel ist, verlassen sie ihren Unterschlupf und machen sich auf den Weg zu den Kindern. Ihre Namen geben schon Aufschluss darüber, was die einzelnen Zwerge dann so anstellen: Sie klauen den Leuten Essen aus dem Kochtopf, schlecken fremde Löffel ab, erschrecken friedlich schlafende Menschen und stehlen Kerzen.

EIGENE ZWERGE BASTELN

Nutzen Sie die Zwerge doch für einen Adventskalender oder wie hier für ein Figurentheater. Dazu gestaltet jedes Kind 13 eigene Zwerge. Benennen Sie mit den Kindern die Namen der einzelnen Figuren.

Text: Marion Bischoff

12. Dezember: Stekkjarstaur – Schlafschreck, Pferchpfahl
13. Dezember: Giljagaur – Schluchtentölpel
14. Dezember: Stufur – Knirps
15. Dezember: Pyörusleikir – Löffellecker
16. Dezember: Pottasleikir – Topflecker
17. Dezember: Askasleikir – Schüssellecker
18. Dezember: Huroaskellir – Türentreter
19. Dezember: Skyrgamur – Skyrenschlund
20. Dezember: Bjugnakraekir – Wurststibitzer
21. Dezember: Gluggagaegir – Fensterglotzer
22. Dezember: Gattabefur – Türschlitzschnüffler
23. Dezember: Ketkrokur – Fleischangler
24. Dezember: Kertasnikir – Kerzenschnorrer

EINE GESCHICHTE ERFINDEN

Überlegen Sie sich mit den Kindern eine Geschichte, in der alle Weihnachtszwerge eine Rolle spielen. Stellen Sie dazu Impulsfragen: *Welcher Zwerg kocht in der Höhle? Welcher Zwerg ist der schnellste? Welchen Zwerg würdest du gern einmal treffen?* In Kleingruppen erfinden die Mädchen und Jungen ihre eigenen Geschichten.

TIPP:
Sofern Sie den isländischen Brauch nicht nur benennen, sondern mit den Kindern erleben wollen, legen Sie täglich in die jeweilige Figur eines Kindes eine kleine Überraschung – oder sprechen Sie sich mit den Eltern ab. Dann nehmen die Kinder jeden Tag ihren Weihnachtszwerg mit nach Hause und werden überrascht sein, wenn sich etwas in seinem Inneren befindet.

ZWERGENBASTELSTUBE

Material: Toilettenpapierrollen, Küchenrollen (jedes Kind braucht 13 Rollen), Bastelkarton in verschiedenen Farben, Klebstoff, Scheren, Filzstifte, Stoffreste, Wolle

Die Kinder nutzen die Toilettenpapierrollen als Grundgerüst. Aus Karton schneiden sie Gesichter für die Figuren aus. Stoffreste dienen als Kleider und Wolle bildet die Haare der Zwerge.

Wichtig ist, dass die Unterseite der Rolle verschlossen wird. Das geht am einfachsten, indem die Mädchen und Jungen aus Karton Füße ausschneiden, die sie unten festkleben. So können Sie in die Rollen eine kleine Aufmerksamkeit hineinlegen, ohne dass sie verloren geht.

Wer stapft denn da durch Eis und Schnee?

Alter: ab 4 Jahren
Dauer: 10 Minuten

Rätsel

Horcht, ihr Kinder,
horcht und seht,
wer stapft denn da
durch Eis und Schnee,
mit Sack und Schlitten
durch den Wald,
hier draußen ist es bitterkalt.

(Nikolaus)

Horcht, ihr Kinder, horcht und seht,
wer dort durchs dichte Unterholz geht,
leise, leise, das rate ich dir,
denn ängstlich ist es und scheu ist das Tier.

(Reh)

Horcht, ihr Kinder, horcht und seht,
wer dort die Ohren nach Geräuschen dreht,
hoppelt auf leisen Pfoten umher,
mit zitterndem Näschen, ist das zu schwer?

(Hase/Kaninchen)

Horcht, ihr Kinder,
horcht und seht,
wer oben im Baum
mit Flügeln schlägt,
ihre Augen sehen
auch in der Nacht,
sie macht „Huhu!“,
gebt einmal acht.

(Eule)

Horcht, ihr Kinder,
horcht und seht,
es springt und hüpft,
wenn der Eiswind weht,
sammelt Eicheln und
Nüsse am Boden ein,
ein Tier, ganz braun,
sehr niedlich und klein.

(Eichhörnchen)

Horcht, ihr Kinder, horcht und seht,
wer dort hinterm Baum an der Kurve steht,
mit buschigem Schwanz und rotbraunem Fell,
läuft weg und flieht,
ganz schnell, ganz schnell.

(Fuchs)

Idee: Tina Scherer

Ist das schon der Weihnachtsmann?

Klanggedicht

Alter: ab 3 Jahren

Dauer: 10 Minuten

Material: pro Kind 1 Instrument (Schellenband, Rassel, Klingel oder Glöckchen), 1 Trommel

Hör mal hin, wie's schellt und klingt,
als ob ein Chor aus Engeln singt.
Ganz leise rasseln und schellen.

Hör mal her, es rasselt leise,
das sind Rentiere auf der Reise.
Noch leiser rasseln und schellen.

Juchhu, der Weihnachtsmann kommt bald
von seiner Reise durch den Wald.
Lauter rasseln und schellen.

Idee: Tina Scherer

Jetzt hörst du ihn schon laut und hell,
der Schlitten rast herbei ganz schnell.
Ganz laut rasseln und schellen.

Pardauz, was landet im Kamin?
Ein Geschenk für dich, lauf ganz schnell hin!
Einen lauten Schlag auf der Trommel spielen.

Und hör nur, leiser wird es immer mehr,
kein Glöckchen und kein Klingen mehr.
Zuerst laut, dann immer leiser rasseln und schellen.

Unser Lucia-Fest

Ritual

Alter: ab 4 Jahren

Dauer: etwa 15 Minuten (Geschichte), etwa 60 Minuten (Bastelaktion)

Am 13. Dezember wird in Skandinavien, vor allem in Schweden, das Lucia-Fest gefeiert, ein Brauch, der auf die heilige Lucia zurückgeht. Zum Lucia-Fest gehören traditionellerweise Lichterprozessionen, bei denen die Kinder Lucia-Kronen tragen. Erzählen Sie den Kindern von der heiligen Lucia und veranstalten Sie Ihre eigene Lichterprozession am 13. Dezember. Hier verraten wir Ihnen, wie Sie ganz schnell Lucia-Kronen basteln können.

KLEINE GESCHICHTE VON SANTA LUCIA

Vor mehr als 1 700 Jahren lebte eine Frau in Italien. Sie hieß Lucia und sie war Christin. Menschen wie sie, die an Gott glaubten, hatten es nicht leicht, denn sie wurden verfolgt.

HILFE FÜR MENSCHEN IN NOT

Doch Lucia hatte Glück. Und weil sie sich für ihr Glück bedanken wollte, besuchte sie immer wieder heimlich Männer und Frauen im Gefängnis. Sie brachte ihnen etwas zu essen und zu trinken, denn im Gefängnis bekamen sie nicht genug. Damit sie ihre Hände frei hatte, bastelte sie sich eine Krone mit Kerzen darauf. In den dunklen Gängen des Gefängnisses zündete sie ihre Kerzen an. So hatte sie genügend Licht, um etwas zu sehen, und beide Hände frei, um den Gefangenen genügend Essen bringen zu können.

LEUCHTENDER BRAUCH

Und weil in Schweden im Dezember alle Tage dunkel sind, keine Sonne scheint und die Menschen sich nach Licht sehnen, kommen noch heute die Kinder in weißen Gewändern und mit einer Lichterkrone auf dem Kopf an die Häuser. Sie verteilen Lussekatter (das ist ein besonderes Gebäck) und singen das Lied der heiligen Lucia.

EINE LUCIA-KRONE BASTELN

Material: Fotokarton (grün), LED-Lichterketten (batteriebetrieben mit 10 Lichtern), Tacker, Klebstoff, Scheren, doppelseitiges Klebeband, Klebestreifen, Lineal

Jedes Kind schneidet sich einen etwa 5 cm breiten Kartonstreifen ab, der mindestens 50 cm lang ist. Helfen Sie den Kindern, den Streifen wie eine Krone um den Kopf zu legen. Tackern Sie ihn so zu einer Krone zusammen, dass er dem Kind bequem auf dem Kopf sitzt.
Die Batteriehalterung der Lichterkette wird an der hinteren Stelle der Krone (Hinterkopf) mit doppelseitigem Klebeband befestigt. Die Kette selbst legen die Kinder um ihre Krone und kleben sie an mehreren Stellen mit einem kleinen Klebestreifen fest.
Nach Wunsch können die Kinder auch weiße Kleidung tragen. So ausgestattet starten sie zu einem kleinen Rundgang durch die Kita.

Idee: Marion Bischoff

Der Nikolaus hat Schnupfen

Lied

Alter: ab 3 Jahren

Dauer: 15 Minuten

Ach herrje,
die Nase tropft, oh weh!
'nen Schnupfen hat der Nikolaus,
er darf nicht aus dem Haus heraus.
Ach herrje,
die Nase tropft, oh weh!

Juchhe, juchhe,
ein Engel bringt ihm Tee.
Sankt Nikolaus trinkt alles aus,
will zu den Kindern in ihr Haus.
Juchhe, juchhe,
ein Engel bringt ihm Tee!

Eins, zwei, drei,
der Schlitten kommt herbei.
Sankt Niklaus eilt von Haus zu Haus,
teilt allen Kindern Päckchen aus.
Eins, zwei, drei,
jetzt ist das Lied vorbei.

(Melodie: A, B, C, die Katze lief im Schnee)

Idee: Marion Bischoff

Wir tanzen um den Weihnachtsbaum

Mitmachgeschichte

Alter: ab 3 Jahren

Dauer: 10 Minuten

In unsrer Mitte steht ein Baum,

Beide Hände und Arme ausstrecken, vor dem Körper ein Dreieck darstellen, indem die Fingerkuppen zur Spitze aneinandergelegt werden.

**mit Lichtern dran,
ihr glaubt es kaum.**

Beide Hände zu Fäusten ballen, dann die Finger schnell spreizen, mehrfach wiederholen.

Kugeln glitzern in seinem Licht,

Mit den Fingern eine Kugel formen.

ein jedes Kind kann ein Gedicht.

Tonlos den Mund öffnen und schließen.

Er ist so schön und leuchtet hell,

Großen Kreis in die Luft malen.

wir fassen unsre Hände schnell.

Gegenseitig an den Händen fassen.

Und singen ihm ein schönes Lied,

Tonlos den Mund öffnen und schließen.

damit er unsre Freude sieht.

Sich gegenseitig anlächeln und zunicken.

**Wir fangen an mit kleinen Schritten,
es muss uns niemand darum bitten.**

Mit Trippelschritten in eine Richtung losgehen.

Der Tanz beginnt,

Körper hin- und herbewegen, schwingende Bewegungen machen.

das Tanzbein schwingt.

Ein Bein anheben, nach vorn strecken.

**Von links nach rechts
und wieder vor,**

Das andere Bein bewegen.

**ein Weihnachtsbäumchentanz
mit Chor.**

In die Hände klatschen und abwechselnd beide Beine anheben.

Idee: Marion Bischoff

Das große Advents-schnuppern

Riech- und Schmeckspiele

Alter: ab 3 Jahren

Dauer: 30 Minuten

Spiel 1 | **GEWÜRZ-MEMORY**

Material: 10 verknotbare Stoffsäckchen oder 10 Stoffstücke mit Schnur, 5 verschiedene weihnachtliche Gewürze (Zimtstangen, Anis, Nelken, Vanille, Orangeat, Zitronat, Lebkuchengewürz, Mandarinenaroma), 1 Schuhkarton

Jedes Gewürz auf je zwei Stoffquadrate verteilen und zu Säckchen zusammenbinden. Alternativ kommt einfach je ein Gewürz in zwei Säckchen. Anschließend werden die Säckchen in einem Schuhkarton verstaut.
Das Gewürz-Memory funktioniert nach dem gleichen Prinzip wie ein herkömmliches Memory-Spiel. Die Kinder öffnen den Karton und verteilen die Säckchen auf dem Spieltisch. Jetzt wird erschnüffelt, in welchem Säckchen sich die gleichen Gewürze befinden. Zur Auflösung können nach Belieben die Säckchen aufgeknotet werden.

TIPP:
Sie können Ihre Riechauswahl auch durch Naturmaterialien wie Tannen- oder Fichtennadeln ergänzen. Als Geruchsträger eignen sich auch Orangen- oder Mandarinenschalen. Achten Sie aber darauf, die Riechzutaten in den Säckchen von Zeit zu Zeit zu überprüfen, damit nichts schimmeln kann.

Spiel 2 | **WEIHNACHTSGESCHMACK**

Material: 1 Augenbinde pro Kind, Kostproben von weihnachtlichen Leckereien (Plätzchen, Rosinen, Mandarinen, Walnüsse, Mandeln, Äpfel, Marzipan, getrocknete Apfelscheiben, Lebkuchen), Messer, Teller

Die Kostproben in Häppchen schneiden und alles auf Teller verteilen. Die Kinder finden sich zu Zweierteams zusammen. Einem Kind werden die Augen verbunden. Es wird von dem anderen Kind mit den Kostproben gefüttert und versucht zu erschmecken, welche weihnachtliche Leckerei ihm angeboten wurde. Danach wird gewechselt. Besprechen Sie anschließend gemeinsam die Eindrücke der Kinder: *Was hat euch besonders gut geschmeckt? Was war süß und was war vielleicht sauer? Wie haben sich die Kostproben im Mund oder auf der Zunge angefühlt? Gab es Unterschiede?*

TIPP:

Achten Sie bei diesem Spiel auf Allergien und Unverträglichkeiten: Bei einer Nussallergie können schon Spuren von Schalenfrüchten allergieauslösend wirken. Lesen Sie darum bei fertig eingekauften Produkten immer die Zutatenliste und achten Sie auch auf Kontaminationsgefahren beim Verkosten auf dem Teller oder an den Fingern. Das gilt auch für Kinder mit Zöliakie (Glutenunverträglichkeit), die kein Krümelchen Getreide abbekommen dürfen.

Idee: Michaela Hinsen

Was ist im Geschenkkarton?

Tast- und Hörspiele

Alter: ab 3 Jahren

Dauer: 30 Minuten

Spiel 1 | **TASTKASTEN**

Material: 1 Schuhkarton mit Deckel, Fingerfarben oder Filzstifte, Schere oder Cuttermesser, unterschiedliche weihnachtliche Gegenstände (Walnuss, Tannenzapfen, Plätzchenausstecher, Mandarine, Stern – je nach Vorrat)

Schneiden Sie in den Schuhkarton seitlich eine Öffnung, durch die mühelos eine Kinderhand passt. Den Schuhkarton können die Kinder von außen als Geschenk gestalten, beispielsweise indem sie ihn mit Fingerfarben oder Filzstiften bemalen. Schon kann es losgehen. Einer der weihnachtlichen Gegenstände wird heimlich in dem Karton versteckt. Ein Kind steckt seine Hand durch die Öffnung und versucht zu ertasten, was sich im Geschenkkarton befinden könnte. Bevor es den Gegenstand herauszieht, benennt das Kind ihn. Dann kann es prüfen, ob es richtig geraten hat. Danach ist das nächste Kind an der Reihe. Sie können natürlich auch viele unterschiedliche Gegenstände gleichzeitig in den Karton füllen. Dann darf immer ein Kind wühlen, bis es sicher einen Gegenstand benennen kann. Beim Herausziehen kann das Kind dann prüfen, ob es richtig geraten hat.

Spiel 2 | **GLÖCKCHENRÄTSEL**

Material: 1 Tuch oder 1 Augenbinde, 1 Glöckchen

Zur Einstimmung können Sie mit den Kindern das Weihnachtslied „Kling, Glöckchen, klingelingeling“ anstimmen. Dabei geben Sie das Glöckchen in den Sitzkreis und lassen es von Kind zu Kind weiterreichen. Nach dem Lied werden einem Kind die Augen verbunden. Dieses Kind kommt in die Kreismitte. Nach den Worten „Kling, Glöckchen, klingelingeling“ wird gleich das Glöckchen bimmeln. Reichen Sie nun möglichst geräuschlos das Glöckchen an ein Kind im Kreis. Alle Kinder verstecken ihre Hände hinter dem Rücken und sprechen: „Kling, Glöckchen, klingelingeling“, worauf das Kind mit dem Glöckchen klingelt. Das Kind in der Mitte nimmt die Augenbinde ab und zeigt auf das Kind, das seiner Meinung nach das Glöckchen versteckt hält. Danach wird gewechselt.

Idee: Michaela Hinsen

Es kracht, es rumst!

Malgedicht für Silvester

Alter: ab 4 Jahren

Dauer: 30 Minuten

Material: Lärminstrumente und Geräuschemacher (Topfdeckel, Rhythmusinstrumente), Tapetenbahn oder Malpapierrolle, flüssige Farben, gut deckende weiße Farbe, Pinsel, Schwämmchen

Es kracht, es rumst, es glüht, es knallt:
Silvesterabend ist schon bald!
Raketen zischen zwischen Sterne,
verglühen dort in weiter Ferne!

Es kracht, es rumst, es glüht, es knallt:
Silvesterabend ist schon bald!
Funkelschein und Sternenregen:
Neues Jahr voll Glück und Segen!

UND SO GEHT'S:

Die Kinder können das Gedicht zunächst mit Lärm untermalen, indem sie bei den Wörtern „kracht“ und „rumst“ ihre Geräuschemacher aktivieren. *Was ist außer dem Lärm noch besonders an Feuerwerken? Wie könntet ihr ein richtiges Feuerwerk malen?* Fragen Sie die Kinder nach Ideen.
Dann erhält jedes Kind ein Stück der Tapetenbahn. Die Kinder grundieren alles mit Schwämmchen oder Pinseln mit schwarzer oder schwarzblauer Farbe. Gut trocknen lassen. Ein Trick, um selbst auf diesem dunklen Hintergrund Farben zum Leuchten zu bringen: Alle geplanten Raketenexplosionen mit weißer Farbe (Deckweiß) vormalen und trocknen lassen. Die bunten Farben dann auf das Weiß aufbringen.

Idee: Karin Schäufler

Wer bist denn du?

Faschingsrätsel

Alter: ab 4 Jahren

Dauer: 10 Minuten

Ich trage ein glitzerndes Kleid.
Auf meinem Kopf sitzt eine Krone.
Mein Vater ist ein Königsmann
auf dem Schloss, in dem ich wohne.

(Prinzessin)

Mit meiner roten Nase
und meinem großen Mund
bin ich gewiss kein Hase
und auch kein bunter
Hund.

(Clown)

Ich wohne oft im tiefen Wald,
im Winter wird es mir nicht kalt.
Denn ich kann zaubern und sprechen mit Elfen.
Mein Zauberstab zähmt sogar Wölfe.

(Fee)

Ich schleiche so leise wie Gras im Wind,
beweg mich bei Tag und bei Nacht geschwind.
Ich trage eine Maske und einen Degen,
komme aus Asien, bin kühn und verwegen.

(Ninja)

Idee: Marion Bischoff

Luftige Spiele für die Karnevalszeit

Alter: ab 3 Jahren

Dauer: je 15 Minuten

Spiele

Spiel 1 | SCHLANGENPUSTEN

Material: farbiges Klebeband, noch aufgerollte Luftschlangen, Sitzkissen

Im Gruppenraum oder in dem Raum, in dem Sie feiern, markieren Sie mit farbigem Klebeband eine Start- und eine Ziellinie. Jedes Kind erhält eine noch aufgerollte Luftschlange und setzt sich auf einen Startplatz, beispielsweise ein Kissen auf der Startlinie. Wer schafft es als Erster, seine Luftschlange über die Ziellinie zu pusten? Die Kinder können dabei probieren, die Schlange so weit zu pusten, dass das Ende von selbst über die Ziellinie reicht. Wer das nicht schafft, kann seine Schlange, auch wenn sie schon auf dem Boden liegt, durch Nachrücken ins Ziel pusten.

Spiel 2 | BALLONGESICHTER

Material: aufgepustete Ballons, Filzstifte

Jedes Kind darf sich einen Ballon und einen Filzstift aussuchen. Innerhalb einer bestimmten Zeit (beispielsweise 30 Sekunden) muss nun jedes Kind mit dem Filzstift ein möglichst lustiges Gesicht auf seinen Ballon malen. Welcher Ballon sieht danach zum Schreien aus?

Spiel 3 | LUFTSCHLANGENWERFEN

Material: Seil, noch aufgerollte Luftschlangen

Spannen Sie ein Seil etwa in Kinderkopfhöhe. Jedes Kind bekommt eine noch aufgerollte Luftschlange. Wer schafft es, seine Schlange so zu werfen, dass sie über der Schnur hängen bleibt? Alternativ können die Kinder auch versuchen, ihre Schlange über die Schnur zu pusten.

Spiel 4 | LIMBO

Material: Seil

Unter dem gespannten Seil mit den Luftschlangen aus dem vorangegangenen Spiel lässt sich prima Limbo tanzen. Senken Sie das Seil nach jedem Durchgang, wenn alle Kinder einmal darunter durchgetanzt sind, ein Stückchen weiter ab. Wer schafft es, mit durchgebogenem Rücken und dem Bauch nach oben darunter durchzutanzen wie beim echten Limbo?

Idee: Michaela Hinsen

Ja-pi-da-du!

Faschingslied

Alter: ab 4 Jahren

Dauer: 5 Minuten

Kinder! Hier ist heute was los!
Es ist Fasching! Ja, ist das nicht famos?
Wir woll'n tanzen! Kommt herbei und macht mit!
Klatscht und tanzt und singt den Hit mit!

Kinder! Heute geht's hier voll ab!
Es ist Fasching! Alle sind jetzt auf Trab!
Wir woll'n tanzen! Kommt herbei und macht mit!
Klatscht und tanzt und singt den Hit mit!

Refrain:
Wir feiern hier und heut! Ja-pi-da-du!
Wir feiern hier und heut! Ja-pi-da-duuu!
Gut gelaunt tanzen wir und wir singen dazu:
Ja-pi-dipi-da-dipi-duuu!

Kinder! Hier ist heute was los!
Es ist Fasching! Ja, ist das nicht famos?
Wir woll'n tanzen! Kommt herbei und macht mit!
Klatscht und tanzt und singt den Hit mit!

Refrain:
Wir feiern hier und heut! Ja-pi-da-du!
Wir feiern hier und heut! Ja-pi-da-duuu!
Gut gelaunt tanzen wir und wir singen dazu:
Ja-pi-dipi-da-dipi-duuu!

(Melodie: Y. M. C. A. (Village People))

Idee: Karin Schäufler

Kapitel 4

Ideen für das ganze Jahr

Feiert mit!

Lied

Alter: ab 3 Jahren

Dauer: 5 Minuten

Heute gibt es was zu feiern,
kommt dazu und seid dabei.
Denn es ist heut dein Geburtstag,
das ist uns nicht einerlei.
Hol-la-hi, hol-la-ho,
hol-la-hi-a hi-a hi-a, hol-la-ho.

Es gibt einen leck'ren Kuchen,
Schokolade und Kakao.
Hole einmal ganz tief Luft und
puste dann die Kerzen aus.
Hol-la-hi, hol-la-ho,
hol-la-hi-a hi-a hi-a, hol-la-ho.

Und wir haben auch Geschenke,
packe sie nur ganz schnell aus.
Ja, dann können wir noch spielen,
bald schon müssen wir nach Haus.
Hol-la-hi, hol-la-ho,
hol-la-hi-a hi-a hi-a, hol-la-ho.

(Melodie: Eine Seefahrt, die ist lustig)

Idee: Leah Schäfer

Geburtstagsfest im Zwergennest

Mitmachgedicht

Alter: ab 3 Jahren

Dauer: 5 Minuten

Liebe Zwerge, eins, zwei, drei!

Auf alle Kinder zeigen.

Kommt ins Zwergennest herbei!

Winken Sie die Kinder zu sich. Alle stehen im Kreis.

Schön, dass wir alle zusammen sind,
denn __________ ist heut das Geburtstagskind.

Auf das Geburtstagskind zeigen.

Alle Zwerge, Groß und Klein,

Der Kreis wird geöffnet und eine Schlangenlinie gebildet.

wollen eingeladen sein.

Zeigen Sie in die Richtung des Geburtstagstisches.

Sie schleichen leise zum Fest hinein
auf ihren Zehenspitzelein.

Halten Sie Ihren Zeigefinger an Ihre Lippen, bewegen Sie sich hintereinander auf Zehenspitzen.

Jeder sucht sich einen Platz

Alle Kinder suchen sich einen Platz am Tisch.

und setzt sich hin - das geht ratzfatz!

Sie setzen sich hin.

Alle Zwerge, eins, zwei, drei,

Zeigen Sie in die Runde.

sind am großen Tisch dabei.

Alle nicken.

Idee: Anna Neef

Elefanten, Füchse, Tausendfüßler

Geburtstagsspiele

Alter: ab 3 Jahren

Dauer: je 10 Minuten

Spiel 1 | TAUSENDFÜSSLER-RENNEN

Die Mädchen und Jungen werden in gleich große Gruppen zu je vier bis sieben Kindern eingeteilt. Jedes Team wählt eine Erkennungsfarbe. Es gibt eine Start- und mit genügend Abstand eine Ziellinie. Die Kinder stellen sich an der Startlinie hintereinander zu je einem Tausendfüßler auf. Die verschiedenen Tausendfüßler gehen nebeneinander in Stellung. Auf das Startkommando hin macht der vorderste Mitspieler jedes Tausendfüßlers einen großen Sprung nach vorn. Danach ist der nächste dran, dann der übernächste usw. Ist der letzte Mitspieler der Reihe gehüpft, ruft er zum Beispiel „Rot fertig". Dann hüpft der vorderste Mitspieler des roten Tausendfüßlers erneut einen Schritt nach vorn. Danach sind wieder die anderen dran. Gewonnen hat der Tausendfüßler, der zuerst mit allen Mitspielern die Ziellinie überquert hat.

Spiel 2 | DER FUCHS GEHT UM

Die Mädchen und Jungen stehen im Kreis. Ein Kind ist der Fuchs und versucht, einen Platz im Kreis zu bekommen. Es geht im Uhrzeigersinn außen um den Kreis herum. Alle singen oder sprechen: „Der Fuchs geht um, der Fuchs geht um. Es geht ein wildes Tier herum. Der Fuchs rennt los." Beim letzten Satz tippt der Fuchs einem Kind auf die Schulter und rennt los. Dieses Kind muss nun versuchen, den Fuchs zu fangen, bevor dieser sich den Platz des Verfolgers schnappen kann. Dabei dürfen beide Mitspieler nur im Uhrzeigersinn um den Kreis herumrennen.

Spiel 3 | PLATZTAUSCH

Die Kinder sitzen im Stuhlkreis, ein Kind steht in der Mitte. Das Kind in der Mitte sagt zum Beispiel: „Wenn du gerne Pizza isst, dann tausche den Platz." Dann müssen alle Kinder, die diese Frage bejahen können, aufstehen und sich einen neuen Platz suchen. Das Kind in der Mitte versucht, sich schnell auf einen der frei gewordenen Plätze zu setzen. Das Kind, das übrig bleibt, geht in der nächsten Runde in die Mitte und denkt sich einen neuen Satz aus.
Weitere Ideen: „Wenn du lange Haare hast, …", „Wenn du Spaghetti magst, …", „Wenn du Sommersprossen hast, …", „Wenn du schon mal geflogen bist, …" „Wenn du eine Schwester hast, …", „Wenn du einen blauen Pullover trägst, …", „Wenn du einen Hund hast, …", „Wenn du gern in der Nase bohrst, …", „Wenn du gern mit Lego spielst, …"

Spiel 4 | ELEFANTENFÜTTERUNG

Material: 4 Eimer oder 4 Schüsseln, 1 Elefant (Plüschtier oder Zeichnung), 1 Stuhl, viele Wäscheklammern

Der Elefant hat Hunger und soll mit Erdnüssen gefüttert werden. Dazu wird er auf einen Stuhl gesetzt und je ein leerer Eimer rechts und links neben ihn gestellt. Die anderen beiden Eimer werden in größerem Abstand positioniert und mit der jeweils gleichen Menge Wäscheklammern (= Erdnüsse) gefüllt. Die Kinder stellen sich in 2 gleichgroßen Teams hintereinander hinter den mit Wäscheklammern gefüllten Eimer. Auf ein Kommando nimmt das erste Kind eine Wäscheklammer aus dem Eimer und reicht sie seinem Hintermann, der sie wiederum an das nächste Kind hinter ihm weitergibt. Ist die Klammer beim letzten Kind einer Mannschaft angekommen, rennt es zum leeren Eimer und wirft die Klammer hinein. Danach stellt es sich vorn in die Reihe, nimmt eine Klammer aus dem Eimer und gibt sie an das nächste Kind weiter. Gewonnen hat die Mannschaft, die zuerst alle Wäscheklammern an den Elefanten verfüttert hat.

Idee: Leah Schäfer

Wir sind ein tolles Team!

Spiele ohne Verlierer

Alter: ab 4 Jahren

Dauer: 30 Minuten

Spiel 1 | MENSCH-MEMORY

Jeweils zwei Kinder gehen als Paar zusammen. Ein Kind geht vor die Tür. Die Paare überlegen sich gemeinsam eine Tierbewegung (beispielsweise das galoppierende Pferd oder den hüpfenden Frosch). Jetzt mischen sich die Paare durcheinander. Das hereinkommende Kind darf jetzt versuchen, die Paare zusammenzuordnen. Wem das wohl gelingt? Zuerst ohne Geräusche, und wenn das Kind Hilfe benötigt, werden die passenden Tiergeräusche gemacht.

Spiel 2 | WO IST DER AUSGANG?

Material: 3 Tücher oder 3 Augenbinden

Drei Kinder dürfen sich auf den Bauch legen und die Schlangen spielen. Ihre Augen sind dabei verbunden. Die anderen Kinder stehen im Kreis um die Schlangen
herum. Nur ein Ausgang ist frei. Wird den Schlangen der Weg ins Freie gelingen? Das Spiel wird so lange gespielt, bis alle Kinder, die möchten, einmal eine Schlange waren.

Spiel 3 | ICH MALE EIN BILD AUF DEINEN RÜCKEN

Die Kinder gehen paarweise zusammen. Ein Kind ist der Maler. Es werden einfache Gegenstände, wie beispielsweise ein Haus, ein Herz, eine Sonne, auf den Rücken des anderen Kindes gemalt. Wer errät, was auf den Rücken gemalt wurde? Nach drei Malereien wird gewechselt.

Spiel 4 | JETZT BIN ICH DER KÖNIG!

Material: Eieruhr

Ein Kind darf den König spielen. Dieser kann seinen Untertanen Befehle in Form von verschiedenen Bewegungen erteilen. Die anderen Kinder sind die Untertanen und führen diese aus. Sobald die Eieruhr abgelaufen ist, darf ein anderes Kind den König spielen.

Idee: Michaela Lambrecht

An der Saft-Bar

Spiel

Alter: ab 3 Jahren

Dauer: 10 Minuten

Material: verschiedene Säfte (keine Mehrfruchtsäfte), Mehrwegbecher, Karten mit den Früchten, die in den Säften sind, 1 Augenbinde

Bei diesem saftigen Eltern-Kind-Spiel wird ausgiebig probiert und geraten: Was schmecke ich da?

Ein Kind steht hinter dem Tresen und schenkt verschiedene Säfte in jeweils einen Becher. Ein Stapel mit Karten, auf denen die Früchte zu sehen sind, aus denen die Säfte gepresst wurden, liegt bereit. Jede Frucht muss es dabei doppelt geben.

GESCHMACKSTESTER

Einem Elternteil werden die Augen verbunden und es trinkt nacheinander aus jedem Becher. Kann es die Geschmacksrichtungen richtig zuordnen?

KARTENKONTROLLE

Hat der Vater die Augen verbunden und sagt beim ersten Becher zum Beispiel „Kirsche“, dann stellt die Mutter oder das Kind die Karte mit den Kirschen zum Becher. Das Kind, das ja weiß, aus welcher Flasche es eingeschenkt hat, stellt diese ebenfalls zu dem Becher und sieht gleich, ob der Vater richtig geschmeckt hat. Die Versuchsreihe kann beliebig oft wiederholt werden.

Idee: Marion Bischoff

Ich und du

Willkommensgedicht

Alter: ab 4 Jahren

Dauer: 5 Minuten

Ich und du,
wir sind wir.

Unsre Hände klatschen wir.
Wir freuen uns am Ich und Du
und winken allen andern zu.

Ich und du,
wir sind wir.

Unsre Finger schnipsen wir.
Wir freuen uns am Ich und Du
und winken allen andern zu.

Ich und du,
wir sind wir.

Unsre Augen schließen wir.
Wir freuen uns am Ich und Du
und winken allen andern zu.

Text: Marion Bischoff

Zugfahrt zur Oma

Kennenlernspiel

Alter: ab 3 Jahren

Dauer: 5 Minuten

Tuff, tuff, tuff, die Eisenbahn.
Wer will mit zur Oma fahrn.
Alleine fahren mag ich nicht,
drum nehme ich den/die __________ mit.

UND SO GEHT'S:

Die Kinder sitzen im Kreis. Ein Kind ist der Lokführer und läuft um den Kreis herum. Alle singen gemeinsam. Der Lokführer hält vor einem Kind. Dieses Kind fasst das erste Kind (die Lok) an den Schultern und die Fahrt geht von Neuem los.

TIPP:

Variieren Sie das Fahrziel und lassen Sie das neu dazugekommene Kind selbst bestim-men zu wem oder wohin es fahren will.

Idee: Leah Schäfer

Auf Wiedersehen

Ritual

Alter: ab 3 Jahren

Dauer: ein Vormittag

Material: Schulranzen der Bald-Schulkinder, Matten (Laufsteg), Fähnchen für alle Kinder

Legen Sie mehrere Matten im Turnraum hintereinander wie einen Laufsteg. Laden Sie die Eltern ein, die Abschiedsfeier ihrer Kinder mitzumachen. Legen Sie mit den Kindern vorher im Gespräch fest, welches Lied (Spiel, Fingerspiel …) sie noch einmal gemeinsam erleben wollen.

Die Schulranzenparty steigt

Die Schulranzenparty wird im besten Fall zu einer festen Einrichtung Ihrer Kita. Jedes Kind darf an diesem Tag seinen Ranzen mitbringen und ihn den anderen Kindern vorstellen. Hierfür geht das Kind mit seiner Schultasche über den Laufsteg, alle anderen Kinder sitzen drum herum und klatschen. Die Kinder zeigen ihre Tasche, den Sportbeutel, die Federmappe … Die Mädchen und Jungen entscheiden selbst, wann sie den Laufsteg für das nächste Kind freimachen.

Haben alle Kinder ihre Schultaschen präsentiert, treffen sich die zu verabschiedenden Mädchen und Jungen mit ihren Eltern und jeweils einer Erzieherin aus der Gruppe im großen Kreis. Alle anderen Kinder dürfen sich daran beteiligen, müssen aber nicht. In diesem Kreis wird ein letztes Mal das ausgewählte Spiel der Vorschüler gemeinsam gespielt. Danach verabschieden sich die Eltern von den Erzieherinnen und gehen vor die Eingangstür.

Wehende Fähnchen

Die Kinder, die nicht verabschiedet werden, stellen sich im Spalier auf. Dieses Spalier geht bis zur Eingangstür der Kita. Jedes Kind hält eine Fahne in der Hand. Nun wird das erste Schulkind von seiner Bezugserzieherin verabschiedet und geht durch das Spalier der Zurückbleibenden, die ihre Fähnchen schwenken und „Auf Wiedersehen!" rufen. Am Ausgang wird es von seinen Eltern in Empfang genommen. Nach und nach verlassen so alle Schulanfänger die Kita.

TIPP:
Der Abschied von der Kita ist für viele Kinder und Eltern ein sehr emotionaler Einschnitt im Leben. Das liegt sicherlich auch daran, dass sie die Hälfte ihres Lebens (oder noch länger) hier waren. Umso wichtiger ist es, diesen Abschied gut zu gestalten, den Kindern Emotionen einzugestehen und zugleich dafür zu sorgen, dass sie voller Freude in den neuen Lebensabschnitt gehen.

Freundschaftspüppchen zum Abschied

Bastelidee

Alter: ab 4 Jahren

Dauer: 30 Minuten

Material: 3 Pfeifenputzer, braune Holzkugel mit Loch, Bastelbast in verschiedenen Farben, braune Wolle, Schere, schwarzer Stift, Kleber

EINE KLEINE ERINNERUNG

Ein Freundschaftspüppchen ist ein schönes Abschiedsgeschenk für die baldigen Schulkinder. Nicht immer haben Kindergartenfreunde das Glück, dass sie die gleiche Schule besuchen können. Dann können sich die Freunde jeweils gegenseitig ein Püppchen basteln, das sie in Zukunft immer an den anderen erinnern kann.

PFEIFENPÜPPCHEN

Ein Pfeifenputzer ist der Körper. Die Holzkugel wird als Kopf angesteckt. Zuvor malen die Kinder noch ein Gesicht auf die Holzkugel. Die beiden anderen Pfeifenputzer werden in der Mitte geknickt. Aus einem der Pfeifenputzer die Beine gestalten: Wie ein Dreieck mit der Öffnung nach unten anlegen und mit dem Bastelbast mehrfach umwickeln, bis die Beine stabil sind. Auch die Arme werden genau wie die Beine mit Bastelbast umwickelt. Nun aus der Wolle noch Haare zuschneiden und mit dem Kleber ankleben. Fertig ist ein Freundschaftspüppchen zum Verschenken!

Idee: Michaela Lambrecht

Großelternfest

Spiele

Alter: ab 3 Jahren

Dauer: 5 Minuten

Spiel 1 | **LIEDER**

Material: Liedtexte für die Großeltern

Die Kinder begrüßen die Großeltern mit einem Begrüßungslied. Danach singen sie gemeinsam ein Lied, das auch die Großeltern kennen dürften, zum Beispiel „Eine Seefahrt, die ist lustig", „Der Kuckuck und der Esel" oder „Im Frühtau zu Berge". Auch zum Abschluss kann noch gemeinsam gesungen werden.

Spiel 2 | **GEMEINSAMES ESSEN**

Material: Speisen und Getränke, Geschirr, Fotos der Kinder, Beamer und Laptop, 1 helle Wand

Bitten Sie die Großeltern im Vorfeld um eine Essensspende für ein gemeinsames Essen, zum Beispiel Kuchen, Kekse oder auch Essen für ein herzhaftes Büfett. Getränke und Geschirr könnte – sofern ausreichend vorhanden – der Kita-Beitrag sein. Lassen Sie während des Essens Bilder der Kinder mit dem Beamer an die Wand projizieren.

Spiel 3 | **FOTOSTUDIO**

Material: Fotoapparat, Verkleidungsutensilien

Jedes Kind wird mit seinen Großeltern fotografiert. Wer will, kann sich verkleiden. Das Foto wird später ausgedruckt und in den selbst gebastelten Rahmen (Spiel 4) geklebt.

Spiel 4 | **BASTELN**

Material: Bastelutensilien für Rahmen aus Pappe, Holz o. Ä.

Richten Sie einen Basteltisch ein und lassen Sie die Großeltern mit ihren Enkeln gemeinsam Bilderrahmen basteln. Dabei gestalten die Kinder einen Rahmen für die Großeltern und die Großeltern einen Rahmen für die Kinder.

Idee: Leah Schäfer

Familienmurmeln

Spiel

Alter: ab 3 Jahren

Dauer: 10 Minuten

Material: Murmeln (für jede Familie eine große Murmel und je Familienmitglied zwei kleine Murmeln)

In der Mitte der Sandkiste legen Sie eine Kuhle in etwa der Größe eines Suppentellers an. Die Familie setzt sich in entsprechendem Abstand um die Kuhle und zeitgleich rollen die Familienmitglieder ihre Murmeln in Richtung Kuhle.

SCHNIPSEN

Hierfür werden die Glasmurmeln mit dem Finger angestoßen. Welches Familienmitglied bringt seine Murmeln als Erstes in der Kuhle unter? Der beste Murmelspieler gewinnt die dicke Glasmurmel.

WER IST SCHNELLER?

Je nachdem, wie viele Familien beim Elternnachmittag anwesend sind, können Sie auch mehrere Familien gleichzeitig spielen lassen. Es kann auch eine Furche in der Mitte der Sandkiste angelegt werden, Eltern und Kinder knien sich gegenüber und versuchen nun, jeweils schneller zu sein.

SPIELREGELN:

- Es darf immer nur eine Murmel im Spiel sein.
- Solange die erste Murmel nicht im Ziel ist, wird keine neue genutzt.
- Man kann die Murmeln des Gegners mit der eigenen wieder aus dem Ziel schießen.
- Es darf nicht geworfen werden. Die Murmeln müssen immer am Boden sein.

Idee: Marion Bischoff

Die Welt ist lecker

Kimspiel

Alter: ab 3 Jahren

Dauer: 20 Minuten

Material: verschiedene süße Obstsorten, für jedes Kind: Teller, Löffel, 1 Tuch oder 1 Augenbinde

FRISCH GEWASCHEN UND GESCHNIPPELT

Zugegeben, die Vorbereitung ist ein wenig intensiver, aber es lohnt sich! Jetzt heißt es für Sie: Das Obst gründlich waschen, entkernen, entstielen und klein schneiden. Verteilen Sie anschließend die Obstsorten gleichmäßig auf den Tellern, sodass jedes Kind die gleiche Menge und gleiche Sorten vorfindet.

WIE RIECHT ...?

Verbinden Sie allen Kindern die Augen. Stellen Sie vor jedes Kind einen der vorbereiteten Obstteller. Nun dürfen die Mädchen und Jungen das Obst auf ihren Tellern zunächst ausgiebig mit ihrem Geruchssinn untersuchen. Wer mag, darf seine Wahrnehmungen dabei auch beschreiben und raten, was er da gerade riecht. Sind alle mit ihren Geruchsproben fertig, nehmen sie die Augenbinden ab und sehen, was auf ihrem Teller liegt.

DIE WELT MIT DEN HÄNDEN BEGREIFEN

Beim zweiten Durchgang setzen Sie den Kindern wieder ihre Augenbinde auf. Da sie nun wissen, was auf dem Teller liegt, dürfen sie erneut ihre Sinne einsetzen und raten. Dieses Mal wird der Tastsinn stimuliert. Reichen Sie dazu jedem Kind eines der Lebensmittel, mit der Bitte, zu beschreiben, wie es sich anfühlt und was es sein könnte.

JETZT WIRD'S LECKER

Auch hier verbinden Sie den Kindern zunächst die Augen. Füttern Sie anschließend jedes Kind mit einem kleinen Obststück. Nutzen Sie dazu jeweils einen Löffel. Die Kinder dürfen den Geschmack beschreiben und raten, was sie da so Süßes schmecken.

Idee: Aline Kurt

Trauben-Raupen

Büfett-Idee

Alter: ab 3 Jahren

Dauer: 10 Minuten

Material: Schaschlikspieße, Trauben in verschiedenen Farben

LECKERE SPIESSE

Für das gemeinsame Essen können Sie mit den Kindern ganz einfach Trauben-Raupen herstellen. Hierfür bekommt jedes Kind einen Schaschlikspieß und steckt die Trauben darauf. Das schult die Feinmotorik und den kreativen Blick. Wer hat am Ende die meisten Raupenkugeln auf seinem Spieß? Welche Trauben-Raupen schmecken am besten?

SPANNENDE GESCHICHTEN

Wenn Sie mit Eltern und Kindern am Tisch sitzen, erfinden Sie doch einfach gemeinsam eine lustige Trauben-Raupen-Geschichte. Diese könnte so beginnen: „Es war einmal ein Kindergarten. Dort haben die Kinder Trauben-Raupen gesteckt, um sie mit ihren Eltern zu vernaschen. Doch eine Trauben-Raupe wollte nicht gegessen werden und ist deshalb weggekrochen. Zuerst kroch sie …"

Idee: Marion Bischoff

In dieser Reihe sind bereits erschienen:

55 Gute-Laune-Spiele für Schlecht-Wetter-Tage
ISBN: 978-3-96046-056-5

55 Gute-Laune-Spiele für den Morgenkreis
ISBN: 978-3-96046-062-6

55 Gute-Laune-Spiele für draußen und unterwegs
ISBN: 978-3-96046-073-2

55 Gute-Laune-Spiele für Plapper- und Plauderstunden
ISBN: 978-3-96046-074-9

55 Gute-Laune-Spiele für den Krippen-Morgenkreis
ISBN: 978-3-96046-075-6

55 Gute-Laune-Spiele für alte und neue Freunde
ISBN: 978-3-96046-076-3